精神之路

文物里的党的奋斗史

本书编写组 编

上海人民出版社

序言：让历史告诉未来

严爱云

习近平总书记指出："人无精神则不立，国无精神则不强。精神是一个民族赖以长久生存的灵魂，唯有精神上达到一定的高度，这个民族才能在历史的洪流中屹立不倒、奋勇向前。"中华民族几千年积累起来的伟大民族精神，构成了中国共产党精神的深厚基础。中国共产党人是中华民族的优秀儿女，是伟大民族精神的传承和弘扬者。在一百多年的非凡奋斗历程中，一代又一代中国共产党人顽强拼搏、不懈奋斗，涌现了一大批视死如归的革命烈士、一大批顽强奋斗的英雄人物、一大批忘我奉献的先进模范，形成了一系列伟大精神。比如，伟大建党精神、井冈山精神、苏区精神、长征精神、延安精神、抗战精神、西柏坡精神、沂蒙精神、"两弹一星"精神、雷锋精神、红旗渠精神、改革开放精神、企业家精神，等等，构筑起了中国共产党人的精神谱系，为立党兴党强党提供了丰厚滋养。

中国共产党在百年征程中形成了丰富的红色资源、积淀了深厚的红色基因。各地的革命博物馆、纪念馆、党史馆、烈士陵园等以其各具鲜明标识度的红色资源印证着我们党艰辛而辉煌的奋斗历程，是党和国家的红色基因库。《精神之路》一书以同主题的"中国共产党人伟大精神文物史料专题展"为基础，由联合主办展览的20余家革命场馆、纪念馆、博物馆，撷取其中24件珍贵文物，以当下看过往，生动讲述文物内外的故事，以小见大，以物证史，使文物背后的精神内涵得到远比展览更为丰沛的呈现，使文物史料展览串联起的中国共产党人伟大精神之路影响力更为持久。文物活化为鲜活的教材，帮助干部群众从中进一步感悟党的光荣传统和优良作风，增强对党的理论认同、政治认同、情感认同，提振赓续红色血脉的斗志。

通过这些珍贵文物，展现的是中国共产党人坚持人民至上、坚守初心使命的精神之路。理想与信仰之光始终是一代代中国共产党人心中的指路明灯。1915年在上海创办的《青年杂志》(后更名为《新青年》)，在北大红楼成为新文化运动的主阵地。1920年迁回上海后，成为影响最大的马克思主义传播阵地。上海共产党早期组织出版的由陈望道翻译的《共产党宣言》第一个中文全译本，完整传递了马克思主义的精髓。中国共产党的先驱们在上海创党实践中，形成了"坚持真理、坚守理想，践行初心、担当使命，不怕牺牲、英勇斗争，对党忠诚、不负人民"的伟大建党精神。小小红船承载千钧，开启了中国共产党的跨世纪航程。阅读《共产党宣言》不下百遍的毛泽东与朱德等老一辈革命家，在井冈山点燃"工农武装割据"的星星之火，一罐食盐见证了当年军民同甘共苦的鱼水深情。古田会议的决议记录下我党我军探求真理、勇于自我革命的光辉成就。遵义会议室内的挂钟，聆听过"坚定信念、坚持真理、独立自主、团结统一"精神的强音。党始终与广大人民群众站在一起，全心全意为人民服务，也赢得人民群众铁心向党、永远跟党走。沂蒙人民的支前小推车，推出了水乳交融、生死与共的军民情谊，推出了淮海战役的胜利。精诚团结，弦歌不辍。磨损泛黄的首届中国人民政治协商会议会场"席次图"，是中国共产党与各民主党派肝胆相照、团结一切可以团结的力量共同筹备成立新中国工作的见证。一封普通的表扬信亮出了雷锋发扬我军拥政爱民、军民一家光荣传统的先进事迹，雷锋精神永不过时，雷锋爱党爱国、助人为乐、自强不息等精神永远值得我们学习。

串联这些珍贵文物，讲述的是中国共产党人攻坚克难、大无畏奋斗的精神之路。一本目前保存最为完整、记载有红军生活训练作战等 340 多首曲谱的《中国工农红军军用号谱》，带我们走进毛泽东诗句"马蹄声碎，喇叭声咽。雄关漫道真如铁，而今迈步从头越"的豪迈意境。伟大长征精神，是党和人民付出巨大代价、进行伟大斗争获得的宝贵精神财富。草鞋、红军碗，是千千万万红军将士英雄气概的一点物存。照金的红军战士在艰苦条件下发明的麻辫手榴弹，生动诠释了革命先辈"不怕牺牲、顽强拼搏的英雄气概"和"独立自主、开拓进取的创新勇气"。英国记者贝特兰采访毛泽东的谈话记录整理打字稿，讲述了中国共产党在全民族抗战中发挥的中流砥柱作用，体现了中国人民百折不挠、坚忍不拔的抗争精神和必胜信念。长篇小说《吕梁英雄传》为民兵英雄立传，因为他们用热血和行动书写了"对党忠诚、无私奉献、敢于斗争"的吕梁精神。周恩来的"三用"大衣，映射出延安时期艰苦奋斗的革命精神。西迁专列乘车证，是1955 年交通大学师生根据国家安排由上海内迁西安的车票，体现了"听党指挥跟党走"和不畏艰苦的创业精神。除险钩是红旗渠修渠过程中的必备工具，记载了林县人不认命、不服输，敢于战天斗地的英雄气概。习近平总书记指出：红旗渠精神同延安精神是一脉相承的，是中华民族不可磨灭的历史记忆，永远震撼人心。

解读这些珍贵文物，彰显的是中国共产党人改革创新、勇攀高峰的精神之路。 西柏坡纪念馆提供的《召开全国土地会议的通知》，那是一次以彻底摧毁封建土地制度为中心内容的全国性会议，开启的是解放区土地改革运动的深入开展，迎来一次翻天覆地的大变革。一台只能进行简单四则运算的老式手摇计算机，谁能够想象我国的科研人员硬是凭此算出了我国第一枚原子弹的基础数据。在科技强国建设的新征程中怎能不弘扬这种独立自主、自力更生、勇攀科学高峰的精神？小小的土地拍卖槌，见证了1987年深圳举行的新中国首次土地使用权公开拍卖会。经济特区率先闯出改革开放的新天地，离不开"敢闯敢试、敢为人先、埋头苦干"的特区精神。"改革开放排头兵、创新发展先行者"是总书记对上海的殷切期望。《新时代的浦东》特种邮票，将浦东翻天覆地的巨变浓缩于方寸之间，见证着党领导下中国改革开放和社会主义现代化建设的辉煌成就。

精神是在实践中形成和发展的。实践是精神的基础，有什么样的实践才有什么样的精神。党领导的伟大事业孕育伟大精神，伟大精神展现了我们党的梦想和追求、情怀和担当、牺牲和奉献。中国从满目疮痍、山河破碎到走向繁荣富强、国泰民安，正是因为有了中国共产党的领导，有了中国共产党人伟大精神的焕发。习近平总书记强调："党的伟大精神和光荣传统是我们的宝贵精神财富，是激励我们奋勇前进的强大精神动力。"在新时代新征程中，我们要始终坚守马克思主义的"魂脉"和中华优秀传统文化的"根脉"，永远保持建党时中国共产党人的奋斗精神，永远保持对人民的赤子之心，弘扬伟大建党精神，续写以伟大建党精神为源头的精神谱系，把中国共产党人伟大精神贯彻到进行伟大斗争、建设伟大工程、推进伟大事业、实现伟大梦想全过程，谱写好中华民族伟大复兴的壮美新华章。

目 录

蕴含真理力量的《共产党宣言》

1936 年，毛泽东在漫漫黄土高原上，对美国记者埃德加·斯诺说：有三本书特别深地铭刻在我的心中。

而那三本书的其中一本，就是马克思、恩格斯写的《共产党宣言》。20 世纪前后，马克思主义开始在中国传播。五四运动之后，马克思主义以其高度的科学性和革命性，吸引着越来越多的进步青年，一批进步知识分子引用或介绍过马克思主义相关理论，特别是《共产党宣言》。

《共产党宣言》是国际共产主义运动的第一个纲领性文件，是一部科学洞见人类社会发展规律的经典著作，包含着极其丰富和深刻的思想内容，格外受到关注。20 世纪初期，《每周评论》《新青年》《国民》《新潮》等刊物，开始争先恐后地登载《共产党宣言》的摘译。俄国十月革命的一声炮响，掀起了中国宣传马克思主义的浪潮，零星、片段地介绍马克思主义已经不能满足中国知识界的需要，当年的知识分子急盼能看到《共产党宣言》的全译本。

然而，想把这本书通篇译成中文并不容易，它有两大难点：一是要求翻译者具备深厚的语言功底，二是要求翻译者必须具备一定的马克思主义理论基础。即是说，一个合格的翻译者既要能"看懂"《共产党宣言》，又要能"读懂"《共产党宣言》。恩格斯自己也曾说，"翻译《共产党宣言》是异常困难的"。

1919 年 6 月，《星期评论》在上海创刊，这份刊物以宣传社会主义、激励工人运动闻名，编辑部很快将翻译《共产党宣言》全文提上日程。也是在 1919 年，陈望道留学归来。他与"历史"迎面相遇了。

1919 年，陈望道归国后被浙江省立第一师范学校聘为语文教员。这时，正赶上《星期评论》在寻找《共产党宣言》的翻译者，曾留学日本的陈望道专研语言学，有较深厚的文字功底，同时通晓日文与英文，又具有一定的马克思主义理论素养，由他执笔翻译《共产党宣言》实为最佳选择。于是经邵力子举荐，《星期评论》主编约请陈望道执笔翻译。

陈望道翻译的《共产党宣言》中文全译本

　　面对《星期评论》的邀约，陈望道既感意外，又觉兴奋，特别是"从日本受到马克思主义影响"的他，在回国后心里总想着"要做点什么"，于是就立刻接受了这一重任。

　　1920年春，陈望道拿着《星期评论》社提供的日译本，和陈独秀通过李大钊从北京大学图书馆借出的英译本，一头扎进家乡义乌分水塘村的老宅柴房，开始了夜以继日的翻译工作。他字斟句酌，埋头苦译，力求将《共产党宣言》翻译成为大众所接受的通俗易懂的文字。

陈望道下定决心，一定要通过自己的手，向世人奉献一个高质量的全译本，使之成为"唤醒中国这头睡狮最为嘹亮而有力的号角"。

他将铺板架在长板凳上，白天当桌，晚上当床，顶着刺骨寒风写下一句句译文。

有一天陈望道的母亲准备了粽子。当地有一个风俗，那就是粽子要蘸红糖水吃。

母亲在屋外喊："吃粽子要加红糖水，吃了吗？"

儿子应声答道："吃了吃了，甜极了。"

谁知，当母亲进来收拾碗筷时，却发现儿子嘴里满是墨汁，红糖水却一点儿也没动。

原来，儿子竟然蘸着墨汁吃掉了粽子！

原来，真理也是有味道的，甚至比红糖更甜。

这便是日后被传为佳话的"真理的味道"的故事，一段彰显共产党人的初心与信仰的故事。

终于，在"费了平常译书的五倍工夫"后，1920 年 4 月下旬，陈望道将《共产党宣言》全文译出。

1920 年 4、5 月间，陈望道带着译稿来到上海。此后他委托当时参加上海马克思主义研究会的进步青年俞秀松将译稿送到陈独秀住处。陈独秀和李汉俊分别校对了陈望道的译稿。

译稿的出版并非一帆风顺。起初陈望道的翻译是应《星期评论》之邀，译稿本应刊登于该刊物上，然而 1920 年 6 月 6 日，《星期评论》因进步倾向被法租界当局勒令停办，《共产党宣言》中译本只能另择出版机构。

1920 年夏，陈独秀领导的上海共产党早期组织（又称中国共产党发起组），在共产国际代表维经斯基的帮助下，在辣斐德路（今复兴中路）成裕里秘密设立又新印刷所。"又新"两个字，寄托了中国的马克思主义者对社会主义事业"日日新，又日新"的美好愿望。陈独秀决定，将陈望道翻译的《共产党宣言》作为社会主义研究丛书中的第一种印刷出版。可以说上海共产党早期组织成员以"铁肩担道义"的历史责任感和使命感，通力协作，共同完成了《共产党宣言》的译校出版工作。

1920 年 8 月版的《共产党宣言》封面是水红色的马克思半身像，初版 1000 册，被抢购一空。但这一版把书名"共产党宣言"错印成了"共党产宣言"。9 月立即出第二版，封面改为蓝色，书名错误也得以勘正，依然是供不应求。

陈望道作为传播马克思主义的先驱，在翻译出版《共产党宣言》首个中文全译本的过程中充分彰显了坚持真理、坚守理想的伟大精神，这正是伟大建党精神的思想基石。习近平总书记曾多次讲述过"真理的味道"的故事，勉励大家持续学习坚持追求真理和信仰的伟大精神。

坚持真理、坚守理想，践行初心、担当使命，不怕牺牲、英勇斗争，对党忠诚、不负人民，32字的伟大建党精神铿锵有力，字字珠玑。《共产党宣言》的翻译和出版，有力地推动了共产党早期组织的筹建和中共一大的召开。受《共产党宣言》的影响，一批先进分子确立了马克思主义的信仰，义无反顾地踏上为民族复兴和人民幸福、为实现社会主义和共产主义而奋斗的革命征程。

实践告诉我们，中国共产党为什么能，中国特色社会主义为什么好，归根到底是马克思主义行，是中国化时代化的马克思主义行。拥有马克思主义科学理论指导是我们党坚定信仰信念、把握历史主动的根本所在。《共产党宣言》第一个中文全译本的出版，为共产党早期组织开展相关工作提供了强有力的思想武器，是马克思主义传播史的重要里程碑，是中国近现代出版史上的一大壮举。以《共产党宣言》第一个中文全译本的出版发行为标志，马克思主义深刻地改变了中国。

本文由中共一大纪念馆供稿

执笔人：景若琪、张德仁

中国共产党第一次全国代表大会纪念馆

非同寻常的土地拍卖槌

　　在深圳改革开放展览馆"大潮起珠江——广东改革开放 40 周年展览"现场，静静地摆放着一只小木槌。1987 年，深圳市政府举行了新中国首次土地使用权公开拍卖会，随着这只拍卖槌的敲响，新中国土地管理体制改革的大幕徐徐拉开。

　　1987 年深圳土地有偿使用拍卖槌由槌身、槌板两部分构成，实木制作，槌身长 31 厘米、宽 8.7 厘米、直径 6 厘米，槌板长 53.3 厘米、宽 17.8 厘米、高 7.5 厘米，槌板侧面有金属片，上书"深圳市人民政府笑纳　香港测量师学会敬赠　一九八七年十二月一日"。

　　1949 年中华人民共和国成立后的很长一段时间，国有

深圳土地有偿使用拍卖槌

土地由国家统一划拨，无偿使用。1981 年 11 月，深圳经济特区首先开始对使用部分国有土地征收费用。1982 年，《深圳经济特区土地暂行规定》开始实施，规定城市土地限期使用和按年收取土地使用费。到 20 世纪 80 年代中期，已有数十家房地产公司参与深圳经济特区建设。但因其地产开发项目是边建边卖，资金回笼慢，因此只得频繁地向银行借贷，造成了巨大的资金压力。为化解大规模城市建设所带来的资金压力，深圳决定学习和借鉴香港使用土地的有关经验。

为了深入了解香港土地拍卖市场，1986 年 11 月，深圳市政府派出相关人员赴香港进行为期近十天的考察，考察结束后形成了《香港土地政策与土地管理》等多个专题报告。1987 年 3 月，深圳市房地产改革领导小组成立，负责全市房地产改革统一管理与协调工作。5 月，《深圳经济特区土地管理体制改革方案》出台，决定采用公开拍卖、招标、协议等办法，出让土地使用权；允许土地流通、转让、买卖与抵押。这样一来，就打开了深圳有偿使用土地的新局面。

1987年11月，国务院批准深圳、广州等地进行土地使用制度改革试点；深圳市政府决定于12月1日举行一次土地拍卖，标的是一宗8588平方米住宅土地50年的使用权，土地紧邻深圳水库，编号为H409-4。

直接用于此次土地拍卖的最重要道具——拍卖槌是1987年香港测量师学会特意在英国定制，并在拍卖槌上镶铜牌、署名赠送给深圳。

拍卖仪式于下午4点30分正式开始，700多人的深圳会堂连过道上都站满了人，现场气氛热烈。中央领导以及来自全国17个城市的市长一起来到现场，香港方面则派出了一个由21人组成的"深圳第一次土地拍卖参观团"，一起亲眼见证这历史性的一幕——中国首次公开拍卖国有土地使用权。

当天有44家企业报名参加竞拍，其中有9家是外资企业。拍卖地块起拍价为200万元，每口价5万元，各竞投企业争相叫价。"525万一次，525万两次，525万三次。成交！"随着拍卖官的一"槌"定音，被拍卖的地块使用权最终由深圳经济特区房地产公司获得。

　　这场土地拍卖是新中国首次以公开拍卖的方式有偿转让国有土地使用权，直接促成了《中华人民共和国宪法》中有关土地使用制度内容的修改。28 天后，广东省人大常委会通过了《深圳经济特区土地管理条例》，规定土地使用权可以有偿出让、转让。1988 年 4 月 12 日，七届全国人大一次会议通过了《中华人民共和国宪法修正案》，将原来规定的"任何组织或者个人不得侵占、买卖、出租或者以其他形式非法转让土地"修改为"任何组织或个人不得侵占、买卖或者以其他形式非法转让土地。土地的使用权可以依照法律的规定转让"。这为全国实行国有土地使用权的有偿转让提供了法律依据和保障，标志着中国内地的土地使用正式进入了市场经济轨道。

　　拍卖活动的主持人之一廖永鉴代表相关部门，将拍卖会上所使用的拍卖槌捐赠给深圳博物馆。这一新中国首次土地使用权公开拍卖的直接见证物，是"敢闯敢试、敢为人先、埋头苦干"的特区精神的历史见证，反映了深圳经济特区解放思想、改革创新，勇担使命、砥砺奋进，在体制改革中积极发挥"试验田"作用。

　　深圳是改革开放后党和人民一手缔造的崭新城市，是中国特色社会主义在一张白纸上的精彩演绎。深圳广大干部群众披荆斩棘、埋头苦干，用 40 年时间走过了国外一些国际化大都市上百年走完的历程。这是中国人民创造的世界发展史上的一个奇迹。

看似寻常最奇崛，成如容易却艰辛。经济特区的沧桑巨变是一代又一代特区建设者拼搏奋斗干出来的，每一步都不是轻而易举的，每一步都付出了艰辛努力。受特区精神的不断激励，深圳坚持解放思想、与时俱进，率先进行市场取向的经济体制改革，首创 1000 多项改革举措，奏响了实干兴邦的时代强音，实现了由经济体制改革到全面深化改革的历史性跨越。

新时代新征程，深圳将继续以一往无前的奋斗姿态、风雨无阻的精神状态，改革不停顿，开放不止步，坚定不移贯彻落实党中央决策部署，牢记"三个务必"，永葆"闯"的精神、"创"的劲头、"干"的作风，建设好中国特色社会主义先行示范区，创建社会主义现代化强国的城市范例，努力续写更多"春天的故事"，努力创造让世界刮目相看的新的更大奇迹。

本文由深圳博物馆供稿

执笔人：刘晓，深圳博物馆馆员

深圳博物馆

一份开启解放区土地改革热潮的通知

　　在西柏坡纪念馆展厅里，陈列着一份"召开全国土地会议的通知"，随着这一纸简单又极为重要的通知的下发，开启了解放区土地改革运动的深入开展，推动历史的车轮滚滚向前，迎来一次翻天覆地的大变革。

　　这份"召开全国土地会议的通知"，纸张长 29.3 厘米、宽 21 厘米，内容为手写字，书写自上而下、从右往左，字迹清晰，跌宕有致，线条粗细变化明显，行笔迅捷，用笔有力。

　　1947 年 3 月，蒋介石命令胡宗南率部进攻延安。为了诱敌深入，在运动中歼灭敌人的有生力量，3 月 18 日，中共中央离开延安。3 月 29 日，在陕北清涧县枣林沟，中共中央召开了一次紧急会议，讨论中央机关的分工及行动问题。经过

召开全国土地会议的通知

慎重研究作出决定，将中央机关分为两部分：中央前方委员会和中央工作委员会。由毛泽东、周恩来、任弼时等组成中央前方委员会，继续留在陕北，指挥全国解放战争；由刘少奇、朱德、董必武等组成中央工作委员会，前往华北，进行中央委托的日常工作。会后，中央工作委员会向华北转移。

1947 年 5 月，刘少奇和朱德到达西柏坡，随后向各中央局发出召开全国土地会议的通知："全国土地会议极需召开，兹决定七月七日在晋察冀之平山县开会，望各地赴会代表于七月七日以前赶到平山城报到。由于会议地点改在平山，各区到会代表除每一区党委务须派一负责代表到会外，各地委如愿派代表出席者亦可派代表一人到会，但须预先报告。又原定随土地会议代表出席全国青年工作会议代表亦应随团前来开会。"

通知发出后，华东、晋冀鲁豫、晋察冀、东北、冀热辽、陕甘宁、晋绥等解放区的代表先后到达西柏坡。各解放区的主要领导人李雪峰、王从吾、张稼夫、薄一波等，以及晋察冀军区部队的代表（含列席会议的青年会议代表）共计107人参会。

7月15日，中央工委决定召开土地会议预备会。刘少奇就会议召开形式、领导机构、工作机构等问题提了意见，大会一致同意。关于会议形式，先由各地作报告，然后讨论，最后作出决定。将来的文件和决定还要经由中央批准。关于领导机构，大会设主席团，由中央工委人员及各代表团负责人组成，共计22人。主席团常委为刘少奇、朱德、董必武、康生、彭真。关于工作机构，秘书处，下设文件编辑委员会。秘书长为安子文，文件编辑委员会由陈伯达、廖鲁言负责。

7月17日，全国土地会议在西柏坡召开。正值盛夏时节，烈日炎炎，酷暑难当。会场设在西柏坡村西头一个叫恶石沟的地坪上，摆放了两张桌子、几条板凳，上面搭了布棚，这便是主席台了。来自全国各解放区的代表聚集在这里，召开了以彻底摧毁封建土地制度为中心内容的全国性会议。代表没有座椅，有的以石块、马扎当凳，膝盖为桌，有的干脆就席地而坐听报告和讨论。

据刘少奇的警卫员李长有回忆：会场布置得非常简单，想请示一下，借些凳子来让与会者坐。正好，刘少奇和朱德一起走了过来，李长有上前请示道："这场上是否再放些桌凳，要不，与会者在哪儿坐，在哪儿记呢？"刘少奇坐在场边一块石头上，然后又拍了拍双膝，对李长有说："可以以石作凳，以膝为桌嘛！""小鬼，你要弄出来那么多桌凳当然好。可是我们没有，用一张桌子也要向老乡借。能开会就行了，能不麻烦老乡，就不要麻烦老乡了。"朱德接着说。

7月17日上午，全国土地会议开幕，刘少奇主持会议并作报告。土地会议分两个阶段：第一个阶段组织代表学习马恩列斯关于土地问题的论述及党中央在各个时期颁发的有关农民土地问题的文件，然后由与会代表向大会汇报当地的土地改革情况，进行研究讨论；第二个阶段讨论如何消灭封建土地制度以及在土地改革过程中如何改造党、政及群众组织工作等问题。根据中央提出的"彻底平分土地"原则，由大会秘书处起草了《中国土地法大纲》以及《中共中央关于公布中国土地法大纲的决议》。9 月 13 日，会议通过了《中国土地法大纲（草案）》及《决议》，历时近两个月的全国土地会议落下帷幕。

1947 年 10 月 10 日，经中央批准，《中国土地法大纲》在陕北神泉堡正式公布，解放区的土地改革运动轰轰烈烈、势如破竹开展起来。这场暴风骤雨般的土地改革运动，使广大农村的生产关系发生了极其深刻的变化。在此后的一年当中，解放区有一亿多名农民获得了土地，他们为保卫胜利果实，踊跃参军参战，从人力、物力上支援了人民解放战争，大大加速了解放战争胜利的进程。

土地改革真正实现了数千年来中国农民得到土地的奋斗目标，使农民真正从经济上翻身做了主人，极大地调动了农民群众的革命的积极性，使农业生产力获得了极大的解放；也体现了"永不停步，将革命进行到底"的西柏坡精神。如今，这份《召开全国土地会议的通知》作为历史的见证，默默讲述着那段伟大的革命历史，发挥着重要的爱国主义教育作用。

本文由西柏坡纪念馆供稿

执笔人：梁少波，西柏坡纪念馆陈列保管部馆员

西柏坡纪念馆

见证爱国统一战线的「席次图」

香山革命纪念馆基本陈列里展示了一件《中国人民政治协商会议第一届全体会议会场席次图》，"席次图"的纸张已磨损泛黄，并有穿孔和折痕；"席次图"下方是发言台，"席次图"从右往左，第一列是团体代表席，第二列是特别邀请席和军队代表席，第三列是党派代表席，第四列是区域代表席和候补代表席，毛泽东当时就坐在党派代表席（从右往左第三列）面朝发言台的第一号位置。通过这件珍贵的文物，我们可以直观看到《中国人民政治协商会议第一届全体会议会场席次图》，还可以看到当时参加会议的党派、区域、军队、人民团体、特别邀请等代表的分布席次，同时也将我们带入中共中央在香山同各民主党派、民主人士共同筹备中国

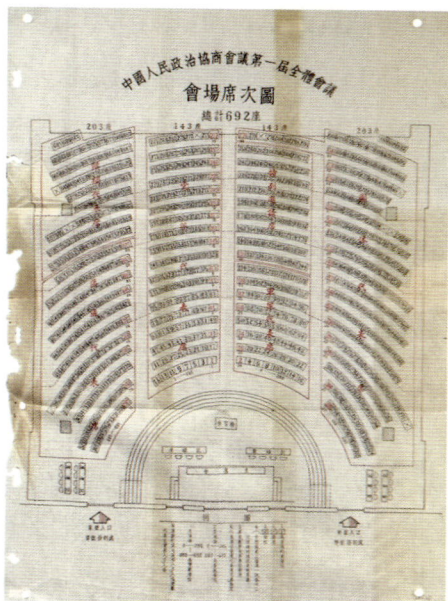

《中国人民政治协商会议第一届全体会议会场席次图》

人民政治协商会议、筹建新中国的难忘历史。

　　1949 年 6 月 15 日，新政协筹备会第一次全体会议在北平召开。根据筹备会分组安排，拟定参加新政治协商会议的单位及各单位的代表名额的工作由第一小组负责，组长为李维汉，副组长为章伯钧。6 月 17 日，新政协筹备会第一小组召开成立会，并根据中国共产党与各民主党派和各民主人士的协商情况，初步拟定参加新政协的单位及代表名额，提请新政协筹备会全体会议通过。6 月 18 日，新政协筹备会常务委员会召开第二次会议，通过第一小组提出的参加单位及代表名额。6月19日，新政协筹备会第一次全体会议继续举行，到会126人，周恩来任执行主席。会议听取了李维汉代表第一小组所作《关于参加新政治协商会议的单位及其代表名额的规定（草案）》的说明，全体一致通过。对参加新政协的单位及代表名额都有所规定。其中，（甲）党派代表14个单位，142人：中共16人，民革16人，民盟16人，民建12人，民进8人，农工党10人，救国会10人，民联10人，民促8人，致公党6人，九三学社5人，台盟5人，无党派民主人士10人，新民主主义青年团10人；（乙）区域代表9个单位，102人：西北、华北、华东、东北、华中解放区各15人，华南解放区8人，内蒙古自治区、北平天津两直属市各6人，解放区民主人士7人；（丙）军队代表6个单位，60人：人民解放军总部（包含直属兵团及海空军）12人，人民解放军第一、第二、第三、第四野战军各10人，华南人民解放军8人；（丁）团体代表16个单位，206人：全国总工会16人，各解放区农民团体16人，全国妇联15人，全国青联12人，全国学联9人，全国工商界15人，上海各人民团体9人，全国文联15人，全国科学会议筹备会15人，全国教育界15人，全国社会科学工作者 15 人，全国新闻工作者协会筹备会 12 人，自由职业界 10 人，国内少数民族 10 人，海外华侨 15 人，宗教界 7 人。以上共 510 人。另设一个特别邀请单位，其代表名额与人选，由新政协筹备会常务委员会商定。后来，经过 3 个月的充分讨论协商，一直到 9 月 20 日，中国人民政治协商会议第一届全体会议召开前一天，新政协筹备会常务委员会第八次会议，才最后通过参加中国人民政治协商会议第一届全体会议的单位及代表名单，分为党派代表、区域代表、军队代表、团体代表、特邀代表五大类，共 46 个单位，正式代表 510 人、候补代表 77 人、特别邀请代表 75 人，共计 662 位代表。

1949 年 9 月 21 日，中国人民政治协商会议第一届全体会议在北平中南海怀仁堂开幕。中国共产党中央委员会主席毛泽东在开幕词中庄严宣告："现在的中国人民政治协商会议是在完全新的基础之上召开的，它具有代表全国人民的性质，它获得全国人民的信任和拥护。因此，中国人民政治协商会议宣布自己执行全国人民代表大会的职权。"并强调，"我们有一个共同的感觉，这就是我们的工作将写在人类的历史上，它将表明：占人类总数四分之一的中国人从此站立起来了……我们的民族将从此列入爱好和平自由的世界各民族的大家庭，以勇敢而勤劳的姿态工作着，创造自己的文明和幸福，同时也促进世界的和平和自由。我们的民族将再也不是一个被人侮辱的民族了，我们已经站起来了。我们的革命已经获得全世界广大人民的同情和欢呼，我们的朋友遍于全世界"。

如今，通过这张《中国人民政治协商会议第一届全体会议会场席次图》，我们仿佛可以感受到当时的大会盛况以及在场每一位代表为新中国即将诞生而洋溢的喜悦心情。透过这件文物，我们可以了解参加中国人民政治协商会议第一届全体会议的各单位及代表组成情况，深入了解筹备中国人民政治协商会议的重要历史，并能更加清晰地感受到中国人民政治协商会议是具有广泛代表性的爱国统一战线组织，而这张"席次图"即是爱国统一战线的见证"图"。

本文由香山革命纪念馆供稿

执笔人：桂星星，香山革命纪念馆文物征集研究部副主任

香山革命纪念馆

沂蒙人民的支前小推车

在沂蒙革命纪念馆内，安静地停放着一辆老旧的独轮木质小推车，车身上遍布着斑驳的痕迹，仿佛一推就要散架。但正是这辆小推车的车轮，承载了厚重的沂蒙革命历史，透过它，仿佛能瞬间回到那段荡气回肠的沂蒙革命儿女踊跃支前的历史画面之中。

沂蒙山区有着光荣的革命传统，在革命战争年代，八百里沂蒙硝烟弥漫，沟沟壑壑都流淌着烈士的鲜血。山东省党政军机关和八路军一一五师长期驻扎在这里，山东省战时工作推行委员会，中共中央华东局、华东军区和华东野战军先后在这里组建，刘少奇、陈毅、罗荣桓、徐向前、粟裕等老一辈无产阶级革命家都曾在这里工作、战斗过，这里是山东抗日根据地和华东战场的中心地带。仅从 1939 年夏到 1943 年底，日军对沂蒙山区出动千人以上的"扫荡"达百余次，万人以上的 29 次。在艰苦的岁月里，根据地军民不屈不挠，与日伪顽进行殊死的斗争，经受了血与火的严峻考验，筑起了一道打不垮、摧不毁的铜墙铁壁。全民族抗战中共作战 2.6 万多次，消灭日伪军 51 万余人。

前方打胜仗，人民是保障。部队打到哪里，沂蒙人民就支援到哪里。为了新中国的建立，沂蒙人民更以极大的热情支援战争，自觉把自己的命运同战争的命运联系在一起。据不完全统计，沂蒙山区总人口 420 万余人，有 20 万余人参军参战，100 万余人支前，有 10 万余人牺牲；出动民工 1052 万余人次，担架 43 万余副，大小车 180 余万辆，船 2.9 万只。沂蒙人民在战争中组成浩浩荡荡的支前大军，车轮滚滚，担架如林，前送粮弹，后运伤员，放哨带路，看押俘虏。"一口饭做军粮，一块布做军装，最后一个儿子要送战场，最后一件棉袄盖在担架上"，这是沂蒙根据地人民铁心向党、永远跟党走的真实写照。

1947 年 5 月 15 日《鲁中大众》发表的《沂中民夫队歌谣》中这样写道："沂中民夫队，出发上前线，担架又运输，个个是好汉，决心前去争模范。不怕山又高，不怕路又远，

沂蒙人民拥军支前的小推车

出夫为自己，受累咱不嫌，吃苦耐劳积极干。给养和子弹，急忙送前线，前方伤病员，快快送医院，全心全力来支援。"其中华东支前模范高启文带领的担架队，先后参加了宿北、鲁南、莱芜、孟良崮、泰安、济宁、济南、淮海等战役。高启文多次立一等功，被华东军区授予"华东支前担架队英雄"称号，其带领的担架队被授予"陈毅担架队"的称号。

陈毅在《记淮海前线见闻》中写道："几十万，民工走不通。骏马高车送粮食，随军旋转逐西东。前线争立功。担架队，几夜不曾睡。稳步轻行问伤病：同志带花最可贵，疼痛可减退？"粟裕也在《真正的铜墙铁壁》回忆文章中说：华中野战军进入山东后，驻扎于临沂地区，"临沂地区的人民，宁肯自己吃糠吃地瓜叶……也要把用小麦、玉米、小米、高粱做的煎饼送给部队；宿营时，有的群众把刚结婚的新房也腾给我们住，妇救会、'识字班'的妇女到各班去问寒问暖，抢着缝洗衣服、鞋袜；许多老大娘把自己赖以换取油盐的鸡蛋拿出来，甚至杀了老母鸡，送给部队的伤病员。山东人民在战争中组成浩浩荡荡的支前大军，车轮滚滚，担架如林，前送粮弹，后运伤员，放哨带路，看押俘虏……他们是那样的坚定勇敢，不怕困难，奋不顾身，竭尽全力地支援子弟兵"。"大军连营七百里，夜夜灯火到天明"，便是沂蒙人民支前的生动写照，正是他们用小推车，一程又一程，最终将革命推向了胜利！陈毅曾满怀深情地说："淮海战役的胜利，是人民群众用小车推出来的。""我就是躺在棺材里也忘不了沂蒙山人，他们用小米供养了革命，用小车把革命推过了长江。"

在这段艰苦卓绝的革命历程中，沂蒙党政军民万众一心、生死与共，血脉相连、水乳交融，赢得了革命战争的辉煌胜利，共同铸就了"党群同心、军民情深、水乳交融、生死与共"的沂蒙精神。

习近平总书记在视察临沂时指出，"沂蒙精神与井冈山精神、延安精神、西柏坡精神一样，是党和国家的宝贵精神财富，要不断结合新的时代条件发扬光大"，"对我们今天抓党的建设，仍然具有十分重要的启示作用"。

本文由沂蒙革命纪念馆供稿

执笔人：王婳娜，沂蒙革命纪念馆文物资料部

沂蒙革命纪念馆

英国记者贝特兰访问毛泽东的谈话记录打字稿

　　文物"毛泽东与英国记者贝特兰之谈话"现收藏于中国人民抗日战争纪念馆，共 12 页，是毛泽东与英国记者詹姆斯·贝特兰谈话内容整理的英文打字稿，较完整地记录了毛泽东与贝特兰数次谈话的内容，是呈现毛泽东与贝特兰谈话内容的第一手宝贵资料，也是抗战精神的写照。

　　在艰苦卓绝的抗日战争中，很多国际友人给予了中国人民道义和物质支援，作出了巨大的贡献。贝特兰就是其中之一，他是与中国共产党和中国人民共患难的朋友。1936 年，贝特兰依靠罗兹奖学金来到中国留学，同时兼职担任《每日先驱报》《泰晤士报》等多家报社驻华特约记者。在燕京大学留学期间，认识了斯诺夫妇等人，并深受北平学生爱国运动和爱国热情感染。贝特兰作为一个坚定的反法西斯主义者，对中国人民的抗日救亡斗争充满同情，由此开始了对中国抗战的长期报道。

西安事变时，贝特兰不畏艰难险阻，打破国民党对于西安事变新闻的严密封锁，于 1937 年迅速出版了《中国的危》（美国版于次年出版，书名改为《中国的第一幕——西安事变秘闻》），客观公正地揭示了这次事变的真实过程及中国共产党和平解决西安事变的方针，给毛泽东留下了较为深刻的印象，这也成为毛泽东邀请贝特兰进行谈话的原因之一。

1937 年 8 月底，日军侵占北平后，贝特兰与斯诺等人由北平绕道山东抵达西安。在西安逗留期间，贝特兰接到了延安发来的邀请电报，成为第一位访问延安的英联邦记者，随之开启了他近 5 个月的延安及华北前线之行。

应毛泽东邀请，贝特兰后来多次到其住处进行采访，向毛泽东提问。毛泽东平时十分注意细节，主张将贝特兰所记录的谈话内容，都翻译成中文，以便及时进行校正。因此贝特兰一边采访，延安工作人员一边进行翻译，不当之处，毛泽东会及时进行修改，确保谈话记录的准确性和严谨性。

令贝特兰深感兴奋的是，他所关心的问题在与毛泽东的交流中都得到了答案。毛泽东全面分析了抗日战争全面爆发

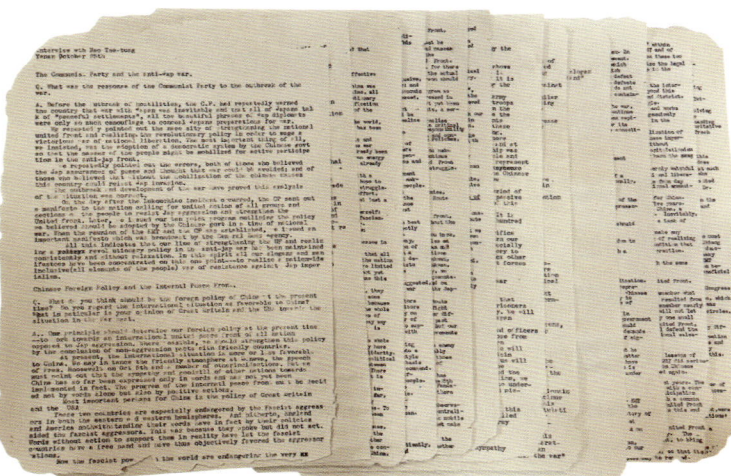

英国记者詹姆斯·贝特兰访问毛泽东的谈话记录整理打字稿

后中国的政治军事总体形势，并介绍了中国共产党在抗战时期的方针、政策、政治以及在军事上所运用的战略战术。

毛泽东清楚地认识到，抗战胜利分为两部分：政治的和军事的。

在政治方面，"我们曾经反复地指出，必须加强统一战线，实行革命的政策，才能进行胜利的民族解放战争。革命政策中特别重要的，是中国政府必须实现民主改革，以动员全体民众加入抗日战线"（《和英国记者贝特兰的谈话》，载《毛泽东选集》第 2 卷，人民出版社 1991 年版，第 373 页）。中国共产党知道民众团结起来所产生的力量，知道"集千万人之力为一力"的道理，如果人民不参与这次战争，胜利的获得就不可能，所以必须实行全民抗战。

在军事方面，"主要地是战略战术上单纯防御的方针，改变为积极攻击敌人的方针；旧制度的军队，改变为新制度的军队；强迫动员的方法，改变为鼓动人民上前线的方法；不统一的指挥，改变为统一的指挥；脱离人民的无纪律状态，改变为建设在自觉原则上的秋毫无犯的纪律；单单正规军作战的局面，改变为发展广泛的人民游击战争配合正规军作战的局面，等等"（《和英国记者贝特兰的谈话》，载《毛泽东选集》第 2 卷，人民出版社 1991 年版，第 376—377 页）。

在采访中，毛泽东对一些抗战具体策略问题也进行了阐释。如关于瓦解日军问题，毛泽东强调，优待俘虏，是瓦解日军最好的武器。"我们的胜利不但是依靠我军的作战，而且依靠敌军的瓦解。瓦解敌军和宽待俘虏的办法虽然目前收效尚未显著，但在将来必定会有成效的。"（《和英国记者贝特兰的谈话》，载《毛泽东选集》第 2 卷，人民出版社 1991 年版，第 379 页）日军中许多兵士都是被压迫阶级，被派来我国作战。在日本兵士被俘后，我们对放下武器的日本战俘采取十分宽大的政策，给他们讲解中国与日本人民的相同点及共同的利益之后，"引导他们了解日本统治者之反人民的侵略主义"（《论持久战》，载《毛泽东选集》第 2 卷，人民出版社 1991 年版，第 503 页），然后放掉他们。但日军一般并不会欢迎他们回去，或将他们送军法会议接受审讯处罚，或将他们残忍杀害，日军杀掉释放的俘虏越多，日本兵士对中国军队之同情就越会被激发。这种宽待战俘的政策，起初在贝特兰看来只是理想而已，甚至觉得这是毛泽东一厢情愿的幻想。但后来在与八路军中的日本战俘谈话之后，贝特兰开始改变看法，并且在后来，一些日本战俘已经与中国游击队组织起来，并肩与日本军队作战。事实证明中国坚定不移地贯彻执行宽待俘虏政策，对赢得战争的胜利，扩大人民军队的影响，发挥了重要作用。抗日战争时期，由日军俘虏自发成立的在华日本人反战同盟、日本士兵觉醒联盟、日本人民解放联盟等群众组织，对配合八路军、新四军作战和瓦解日军发挥了特殊作用。

通过采访记录，我们可以看出，毛泽东有着无可比拟的清醒的意识和透彻的理解力，他从未出过国，但是他的许多思想和政策都与国际相关联，这证明他是一位博览群书的读者。同时毛泽东拥有无比的远见性，能够采取积极的外交政策，从他邀请贝特兰来延安进行交谈就可以看出。后来

　　毛泽东在《论新阶段》中讲道："根据抗战的长期性，外交方针也应着眼于长期性，不重在眼前的利益，而重在将来的增援，这一点远见是必要的。"（《建党以来重要文献选编（1921—1949）》第 15 册，中央文献出版社 2011 年版，第 620 页）他拥有时刻努力求知的热情，因而他能成为一个成功的政治军事家、成为我国的领袖。

　　贝特兰作为外国友人，经过在中国的实地采访，撰写了大量著作，这份谈话内容，客观记录了当时中国抗战真实状况，报道了中国共产党的抗战政策和行动，描写了中国人民在国破家亡面前所表现出来的不屈抗争精神，使海外华侨和国际友人对中国的抗战情况有了正确的认识，使中国人民的抗日战争得到了国际社会的同情和支持。同时，这些谈话的发表也让当时的民众了解了中国军队必胜的条件，使民众更加团结，更加拥护中国共产党，更加促进军民鱼水情深的关系。鼓舞全国人民团结一致，加快了共同抵抗日本侵略的步伐，组织和动员了广大人民群众抗战，为中国抗战最终取得胜利作出了巨大的贡献。

　　　　　　　　本文由中国人民抗日战争纪念馆供稿

　　　　执笔人：曹权，中国人民抗日战争纪念馆革命文物部

中国人民抗日战争纪念馆

永放光芒的《古田会议决议》

1929 年 12 月 28 日至 29 日，中国共产党红军第四军第九次代表大会（即古田会议）在福建省上杭县古田召开。会议通过的《中国共产党红军第四军第九次代表大会决议案》（即《古田会议决议》）开宗明义指出："红军第四军的共产党内存在着各种非无产阶级思想，这对于执行党的正确路线，妨碍极大。若不彻底纠正，则中国伟大革命斗争给予红军第四军的任务，是必然担负不起来的。"

中国人民军队的建设，是经过了艰难的道路的。中国红军（抗日时期是八路军、新四军，现在是人民解放军）从 1927 年 8 月 1 日南昌起义创始，到 1929 年 12 月，经过了两年多的时间。在这个时期内，红军中的共产党和各种错误思想作斗争，学到了许多东西，积累了相当丰富的经验。毛泽东写的这个决议，就是这些经验的总结。这个决议使红军肃清旧式军队的影响，完全建立在马克思列宁主义的基础上。例如，就如何纠正单纯军事观点，毛泽东提出：从教育上提高党内的政治水平；加紧官兵的政治训练；发动地方党组织和群众政权机关对红军开展批评；一切工作在党的讨论和决议之后，再去执行；编制法规，明白地规定红军的任务。

《古田会议决议》是中国共产党和红军建设的纲领性文献。它初步回答了在党员以农民为主要成分的情况下，如何从加强党的思想建设着手，保持党的无产阶级先锋队性质的问题；初步回答了在农村进行革命战争的环境中，如何将以农民为主要成分的军队，建设成为无产阶级领导的新型人民军队的问题。决议规定的基本原则，后来在各红军部队中逐步得到执行。

古田会议根据中共中央的指示，选举产生了中共红四军前敌委员会，毛泽东当选为前委书记。

古田会议纪念馆收藏着 1942 年新华社印的《古田会议决议》单行本。该本决议案白报纸油印，封面缺失，封底粘有中国四大医院名堂之一的"虎标永安堂"的商标。经历

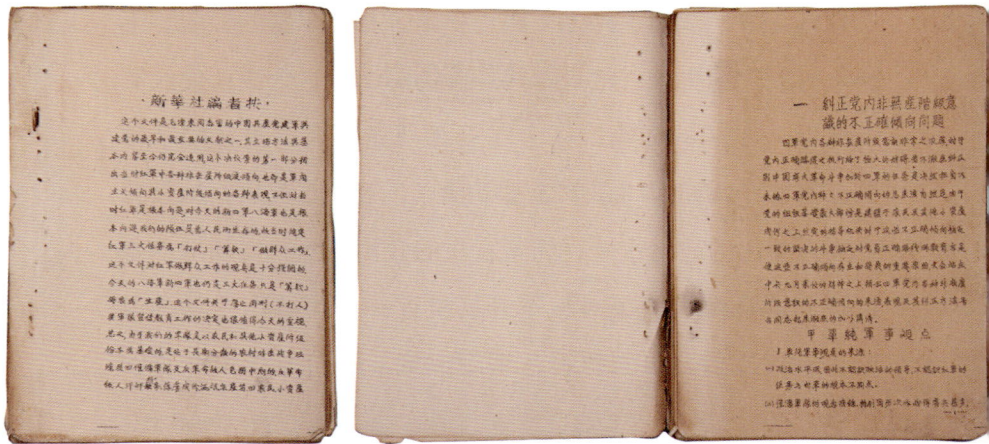

1942 年新华社印《古田会议决议》单行本

80 多年的沧桑岁月，纸张已经泛黄陈旧，但翻开这本弥足珍贵的历史文献，一行行富含深邃思想的文字启人智慧，引人深思并回忆过去。

为提高广大党员干部的理论水平，纠正各种非无产阶级思想，1942 年 1 月，毛泽东亲自写信给中共中央军委总政治部副主任谭政和八路军留守兵团政治部主任莫文骅，指示："将四军九次大会决议多印数千份，发至留守部队及晋西北部队，发至连长为止，每人一本，并发一通知，叫他们当作课材加以熟读（各级干部均须熟读）。"（《毛泽东年谱（1893—1949）》中卷，中央文献出版社 2002 年版，第 356

页）八路军留守兵团接到毛泽东这一指示后，即大批印发红四军九大决议给各部队，并于4月6日向各部队发出训令，指出："中国共产党红军第四军第九次代表大会决议案，不仅对当时中国红军的建军上有着很大的意义与决定作用，就是对今天八路军、新四军的建设上，仍然有着伟大的实际意义。"（《毛泽东年谱（1893—1949）》中卷，中央文献出版社2002年版，第356页）

1942年4月3日，中共中央宣传部在《关于在延安讨论中央决定及毛泽东整顿三风报告的决定》中规定整风学习的18份文件，其中之一即"四军九次代表大会论党内不正确倾向"。在全党全军各部门的共同努力下，全党全军上下迅速掀起了学习和贯彻《古田会议决议》的热潮，古田会议精神得到了进一步弘扬和传承。

"思想建党，政治建军"的光辉道路在我党土地革命战争时期，全民族抗日战争时期，解放战争时期发挥着重要作用。2014年10月31日召开的古田全军政治工作会议，确立了新形势下政治建军的大方略，赋予我军政治工作新使命，恢复和发扬我党我军光荣传统与优良作风，人民军队的政治生态得到有效治理。

"古田会议永放光芒！"中国共产党迈入第二个百年，

我们要把继承和弘扬古田会议精神作为一种责任和使命，立足新时代新使命，结合新实践新经验，不断挖掘和提升古田会议精神的时代内涵、时代价值，使古田会议精神在新的长征路上绽放新的光芒！

本文由古田会议纪念馆供稿

古田会议会址

一双寄托深情的绣球草鞋

夕阳西下，晚霞映照着长征渡口，于都河蜿蜒向东流……1934年10月，中央红军8.6万多名将士云集于此，每个人鼓鼓的行囊里，至少装有两双草鞋。而有这样一双草鞋，它随红军铁流万里，又回归起点，静静地躺在中央红军长征出发纪念馆里。它是那么与众不同：鞋尖上各绑着一颗红心绣球，鞋底、鞋面显然精编细织，用料是本地柔韧的黄麻。

打草鞋的姑娘叫春秀，绑绣球的红军叫志坚。故事发生在1934年秋……

"同志哥，问你一下，刘亚楼首长来了吗？"

黎明的霞光，染红了苍莽雪山之巅，一列列、不断线的队伍长龙般盘旋山间。山脚，一个年轻的姑娘亭亭而立，看着不断线的过往队伍，一遍遍打听刘亚楼的行踪。

刘亚楼是红一军团第二师的政委。当他出现在陌生的姑娘面前时，春秀又吞吞吐吐："我……不是找你……不不，我是找你，志坚在吗……想请你给他准个假……"

谢志坚是刘亚楼的警卫员，雪山脚下于都岭背人。刘亚楼听了半天，看着脸颊绯红的姑娘，终于弄明白了原委。谢志坚这小子跟人家订了婚，说好了明天是两人的"好日子"，可他人影都不见回。

"春秀——"不一会儿，一个浓眉大眼的小伙匆匆跑来，一阵惊喜一阵傻笑，伸出手臂，转眼又怕烫着似地缩了回去。"政委，我不回！春秀，你回去——"说完就转身，头也不回地追队伍去了。

明天，是部队战略转移出发的日子。

春秀知道，婚姻珍重，却不能重于革命。志坚的一颗心全拴在革命这根绳上。婚期一拖再拖，明朝是九九重阳，他这一去不知天高地远……

第二天午后，苍翠的山路上，一个红衣姑娘牵引着一支长长的挑担队，紧赶慢赶到了于都河畔。红军战士整装待发，送行的乡亲熙熙攘攘。那领头的姑娘红衫耀眼，大家不约而同侧身，让出了一条通道。

"首长、红军兄弟，今天，是我和志坚的'好日子'……来，吃果子，拿草鞋，吃了穿了打胜仗，不忘回家乡！"春秀笑着招呼大家，揭开了一个个担子：花生红枣桂圆、豆包米果烧鱼子、番薯片芋头干……还有一双双码得整整齐齐的草鞋。最上面，是一双有精致鞋面的黄麻草鞋。

行军路上的"好日子"！大家都愣住了。刘亚楼这位驰骋战场的汉子，哽咽着，缓缓抬起右臂，立正——敬礼！全体红军战士齐刷刷，立正——敬礼！一张张流淌着泪水的脸，向春秀、乡亲们致敬！春秀和姐妹们清亮的歌声响起："哎呀嘞——送红军到江边，江上穿呀穿梭忙。千军万马渡江去，十万百姓泪汪汪。恩情似海怎能忘？红军啊，红军，革命成功早回乡……"

谢志坚揣着那双黄麻草鞋，带着山盟海誓一路征战，血战湘江、激战娄山关、四渡赤水……1935年5月来到金沙江，帮助大部队渡江的乡亲挥手告别，仿佛时光流转，谢志坚想起家乡于都河，掏出春秀送的黄麻草鞋穿上，脚底、心底暖融融地渡江北去……接下来却是天险大渡河横亘眼前，"十七人飞十七桨，一船烽火浪滔滔"，战斗何其激烈，牺牲随时发生，谢志坚第二次穿上这双黄麻草鞋，端起枪冲向连天炮火……

爱的信物是最好的护身符，在草鞋的陪伴下，谢志坚闯过了一场又一场恶仗。然而世事无法预料，部队进入甘肃省通渭县、静宁县交界处时，谢志坚突发疟疾，病重无法前行。刘亚楼把这个跟随自己出生入死的部下，秘密安置到当地一个姓苟的族长家。

这一留，曾经的山盟海誓便停滞了。

养病一个多月后，谢志坚痊愈了，但部队已不知所终。他执意要去找寻，掏出身上仅有的两块银圆，塞给精心护理自己的姑娘——族长女儿苟新堂，一头钻进茫茫大山。可言语不通、路况不明，他莽莽撞撞没走多远，就被保长怀疑是红军而将他抓起来了。苟族长出钱，将他当远房亲戚保了出来，并介绍他到煤矿做工。可他闲不住，一边挖煤一边跟工友讲红军。有人告密，保长认定他是红军，抓来毒打拷问。苟新堂快马加鞭赶来，一边花重金贿赂，一边哭哭啼啼求放过"自己的男人"。

谢志坚再次被救回苟家，族长再一次跟他念叨：追部队或者回老家，一个外地人是走不通的，十有八九会丢性命的，不如……

救命恩情加革命使命，谢志坚与苟新堂结婚了。洞房花烛夜，他把春秀那双黄麻草鞋藏进衣橱，藏进心房……他以合理合法的女婿身份，成了当地一名挑担货郎，一面经营生计，一面悄悄传播革命。接下来又成了孩子他爹，和苟新堂慢慢地把陌生大山经营成温暖的家。

认了他乡不忘故乡，多少次梦回于都河……新中国成立后的 1951 年秋，谢志坚终于回来了。携妻带子的他给家乡带来了惊喜：大家都以为他早牺牲在长征路上了。而家乡却给了他一个噩耗：那个痴心等待的春秀已被反革命杀害了！

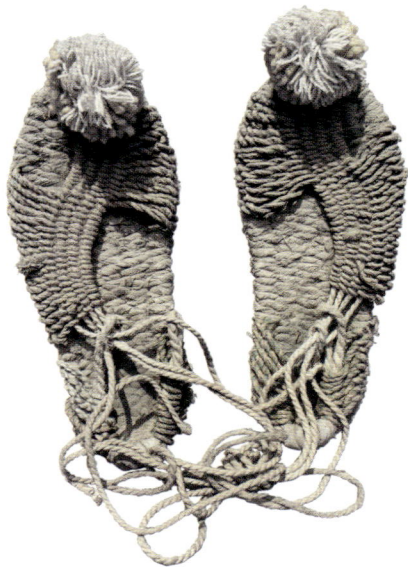

老红军谢志坚穿过的草鞋

他揣着那双草鞋奔到墓前，十几年了，草鞋如故，故人却阴阳两隔……

1954年，谢志坚辞去甘肃省静宁县十一区岷峡乡乡长职务，带着一家人回到家乡于都定居，在县副食品公司工作至退休。20世纪80年代初，中央红军长征出发纪念馆征集文物，三番五次恳请他捐出这双草鞋，他绑上了一对红心绣球，恋恋不舍地交了出去。此后，纪念馆就成为他的念想，他常常独自前往，在1992年重病期间，还由儿孙搀扶着到纪念馆里三次。

那双绣球草鞋啊，他越老，越放不下。

本文由于都中央红军长征集结出发历史博物馆供稿

中央红军长征出发纪念馆

一本珍贵的军用号谱

"马蹄声碎，喇叭声咽。雄关漫道真如铁，而今迈步从头越。"在毛泽东诗词《忆秦娥·娄山关》中，我们能听到催人奋进的军号声。嘹亮的军号声，预示着我们的人民军队是召之即来、来之能战、战之必胜、奋勇向前的威武之师！

有一个关于军用号谱的故事。

这本《中国工农红军军用号谱》为宁化县老红军罗广茂自己使用、保管和捐献的。为了核实《军用号谱》的准确性，由县委宣传组指派干事王岳良前往泉上调查，罗广茂是这本《军用号谱》的主人之说由此确立。

1994年10月，经国家文物局近、现代文物专家沈庆林

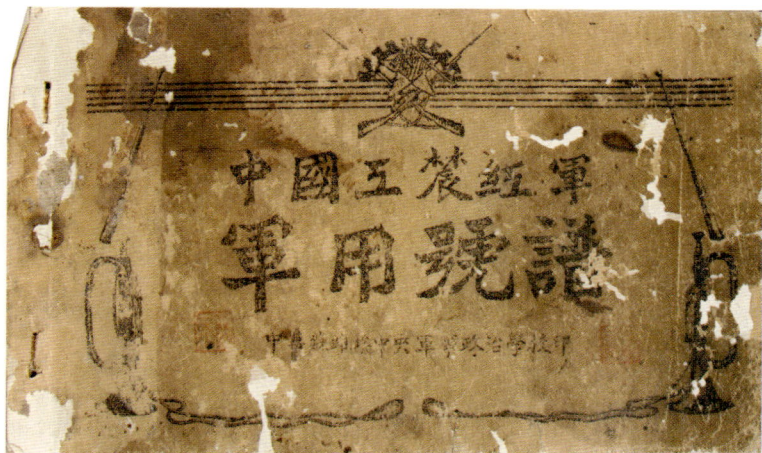

中国工农红军军用号谱

和其他专家鉴定，认为此《军用号谱》系全国目前唯一一本完整的和正规出版、印刷的红军时期的军用号谱，极为珍贵，定为国家一级革命文物。

军号伴随着战争的诞生而诞生，是军队信息联络、鼓舞军心的重要工具。自从有了人民军队，就有了红色军号。中国工农红军建立初期，通信联络工具十分落后，号音联络便逐步从驻地走向战场，成为各级指挥员调动指挥部队的得力助手，被誉为指挥员的"喉舌"。

三军听号令，千里肃雷霆。军号代表了使命，代表了担当，是部队冲锋陷阵、奋勇向前的精神力量。这本泛黄的小册子，它伴随军号而生，被誉为"红军的密码本"。它是目前发现的全国保存最为完整、正规出版印刷的中国工农红军军用号谱。这本号谱是用毛边纸墨印的 32 开小册子，长21.8 厘米，宽 13.5 厘米，共有 40 页。封面两边各印有一把军号和鼓槌，顶部印有红旗、五星、齿轮和两把交叉的枪杆，中间醒目地印着"中国工农红军军用号谱""中华苏维埃中央军事政治学校印"字样，里边用五线谱详细记载着关于红军生活、训练、作战及部队番号、职务等 340 多首曲谱。摘录几首如下：

立正号：嗒嘀嗒　嗒嘀嗒。

向左向右包抄号：嗒嗒　嗒　嗒嗒　嗒。

冲锋号：嗒嘀嗒嗒嗒嗒　嗒嘀嗒嗒嗒嗒　嗒嘀嗒嗒嗒嗒　嗒。

在炮火连天的战争岁月，这本小册子又是如何安然无恙地保存下来的呢？

这本号谱的主人是宁化籍的老红军罗广茂。1931 年 15岁的罗广茂毅然参加了工农红军，从此走上了革命道路。他个头不大，中气却很足。部队领导发现后，安排他做一名司号员，之后又送他到中央军事学校陆地作战司号大队学习。毕业时，部队领导把一本号谱郑重地交到他手中："小鬼，今天我就把咱们全军指挥作战、发号施令的密码本交给你了，你一定要保护好它！"罗广茂激动万分："首长放心，人在，号谱就在！"回到红四军后，罗广茂被安排到军长朱德身边任司号员。随后，在红十二军第一〇一团任司号员，中央革命根据地第五次反"围剿"初期，又调到红五军团第四十三师师部当号长。1934 年，罗广茂在连城作战时腿部中弹，被安排到长汀的四都医院。当时，罗广茂担心号谱落到敌人手中，只好将号谱交给母亲代为保管，并再三交代要像保护儿子生命一样去保护它。

新中国成立后，罗广茂想将这本《军用号谱》拿出来交给国家，但母亲年事已高，怎么都想不起来藏在哪里。随着母亲的去世，这本号谱更是杳无音信。

1974 年，年至花甲的罗广茂在拆建家中谷仓时，发现在仓底木板上有一块油纸布被牢牢地钉在底板上。当他打开油纸布，顿时泪流满面，失声痛哭。原来，被油纸布层层包裹的就是他几十年来日思夜想的《中国工农红军军用号谱》。

1975 年，罗广茂将《军用号谱》连同号嘴一并捐给了宁化县革命纪念馆，了却了他的心愿。一位老红军，用40年的漫长等待，实现了当初的诺言——"人在，号谱就在"。

本文由宁化县革命纪念馆供稿

执笔人：张沛琳，宁化县革命纪念馆副馆长

宁化县革命纪念馆

令敌军闻风丧胆的「起花炮」

　　手榴弹是一种杀伤力很大的武器，它体积小、重量轻、携带方便，既能杀伤有生目标，又能破坏坦克和装甲车辆，在战争年代发挥着重要作用。但是在 20 世纪 30 年代，偏远落后的照金山区制作手榴弹并非易事，无论是原料、制作技术，还是引爆时间的控制都是难题。就是在那样一个技术差、原料缺的年代，照金的红军战士就地取材，凝心聚力，共克时艰，发明创造了武器——麻瓣手榴弹。

　　位于薛家寨三号寨洞的红军修械所，就是麻瓣手榴弹的诞生地。当年，红军战士的武器极其紧缺，许多战士入伍时只能配发一支红缨枪或是股权、大刀之类的武器，不能保障作战需求，于是，陕甘边革命根据地游击队总指挥部便决定建立红军自己的兵工厂。修械所最多时有四五十个工人在这里工作，但最初创建时除了从群众那里借来的一块铁砧、一个风箱、几担煤和几件工具外，一无所有。麻辫手榴弹就是在这样艰苦的条件下诞生的。

要说在照金苏区有什么秘密武器，一定数麻辫手榴弹第一。它出身贫寒，因为它生产于薛家寨兵工厂的荒野山洞；它身价高贵，因为它是由收缴地主的麻钱熔铸；它凝

麻辫手榴弹

聚智慧，因为它是由照金军民自己研发制造；它贡献卓越，因为它在薛家寨保卫战中打得敌人鬼哭狼嚎、四处逃窜；它别具一格，因为它需要拴上麻绳举过头顶抡数圈再凭惯性甩出去，类似于今天的运动项目链球，并且需要经过反复练习，掌握相当的技巧才可投掷使用；它与众不同，因为它是落地才爆炸，而且威力无比，令敌人闻风丧胆。麻辫手榴弹形似甜瓜，下边大，上端小，大头顶端有底火，上端安装一小环，用麻丝拧成辫状作柄，便于红军和游击队战士战斗时携带，也保持了平衡，能使弹头先落地，这样就保证了爆炸

的概率，与没有麻辫的手榴弹相比，准确率高、杀伤力大。当年在照金苏区，每个战士身上可以捆十来个麻辫手榴弹以备作战所需，它在苏区的游击战争和反"围剿"战斗中立下了汗马功劳。

照金苏区创建的修械所不仅研制了麻辫手榴弹，还试制了多样的炸弹，用洋铁桶、陶瓷瓶、瓷罐等装上炸药，成了不同引爆方式的土地雷，大大增强了部队的战斗力。在创建初期，战士们克服一无技术、二无材料、三无配件的困难，从淳化请来工匠制作毛坯，小炉匠负责锻打，一个小石磨碾碎木屑用来配制炸药，一口破旧铁锅解决熬制炸药和吃饭的问题。由于没有工具和原料，修械所工人就跟部队一边打仗，一边寻找材料和工具，废铜烂铁、坏枪、子弹壳以及缴获的铜钱、铁条、铁钳、铁锤都有了用场，从而克服了原材料、工具缺乏的困难。由于缴获的武器种类繁杂，战事紧张，为保障战事需要，工人们通过摸索、研究，初步熟悉和掌握了修理各种枪械的技能，缓解了游击队武器缺乏的局面。惠子俊凭借在兵工厂做工多年积累的经验，又对结构复杂的枪支反复拆装、揣摩，掌握结构和性能，再手把手教工人修理甚至仿造，同时还制造生产子弹，进一步改善了红军和游击队的武器装备，保障了苏区作战物资的供应。

麻辫手榴弹的制造在如今看来非常简单，但在当时艰难的环境中是大费周折，它虽然没有敌军的武器先进，但也打破了敌人多次"围剿"，为红军取得一次又一次胜利作出了贡献，在全民族抗战中也得到了应用。

1938 年，日军占领了河间县城且紧闭城门不出，无奈我军因没有重型武器而久攻不下，战斗陷入僵局。此时有位足智多谋的司令孟庆山就瞄准了麻辫手榴弹落地才爆的有利特点而突发奇想，连夜请来花炮师傅反复试验无数次，直到把花炮制作得和棒槌一样足够大，再给尾部绑上三根稻草掌握平衡，竟然能够带起麻辫手榴弹飞越 300 多米远，同志们惊喜万分，给这种新武器命名为"起花炮"。夜半时分，只听一声令下，四面八方的"起花炮"带着长长的尾巴，划过漆黑的夜空呼啸着飞向城中日军爆炸，顿时全城一片火海，日军瞬间被炸得满地横尸，没炸死的个个抢先打开城门夺路而逃。这次战斗我军像观众看大戏似的轻轻松松就大获全胜，而且还缴获了大批的精良武器和重要物资，是一场典型的以智取胜的战斗。

从修理武器到独立制造武器，陕甘边革命根据地修械所不断发展壮大，随着时代的发展，我国兵工事业不断进步，麻辫手榴弹在抗日战争胜利后逐渐退出了战场，如今早已成为文物，但它激荡着铿锵有力的历史回音，当我们品读它背后的故事时，仿佛与革命先辈进行了一场穿越时空的对话。

　　无论是"麻辫手榴弹"的创造，还是"起花炮"的创新，都是老一辈无产阶级革命家在艰苦条件下主动思变、积极求变的举措，体现了革命先辈顽强斗争的气概、守正创新的智慧和不畏艰苦的创业精神，是照金精神的内在体现和传承发扬，是我们克服困难、迎难而上所应汲取的智慧与力量，必将成为新时代党员干部强骨补钙的精神光源，必将在强军、兴军的伟大征程上代代相传。

　　　　　　　本文由陕甘边革命根据地照金纪念馆供稿

　　　　执笔人：宋建斌，陕甘边革命根据地照金纪念馆馆长

陕甘边革命根据地照金纪念馆

遵义会议室内的挂钟

　　1935 年 1 月初，中央红军长征进驻遵义城。15 日至 17
日，中共中央在遵义城内召开了中央政治局扩大会议，即著
名的遵义会议。会议集中全力解决当时具有决定意义的军事
和组织问题。在会议上，毛泽东、张闻天、王稼祥等尖锐批
评了红军指挥者博古、李德在江西革命根据地红军进行的第
五次反"围剿"中实行单纯防御，在战略转移中实行逃跑主
义的错误。与会者多数同意毛泽东、张闻天等人的意见。会
议增选毛泽东为中央政治局常委，委托张闻天起草《中央关
于反对敌人五次"围剿"的总结决议》。会后不久由张闻天
负中央总的责任。3 月中旬，成立由周恩来、毛泽东、王稼
祥组成的新"三人团"，负责全军的军事行动。

　　历史告诉我们，中国革命的路要遵循实践，而不是单靠本本；中国革命的指挥部在中国，而不是在外国。遵义会议事实上确立了毛泽东同志在党中央和红军的领导地位，开始确立以毛泽东同志为主要代表的马克思主义正确路线在党中央的领导地位，开始形成以毛泽东同志为核心的党的第一代中央领导集体，开启了党独立自主解决中国革命实际问题新阶段，在最危急关头挽救了党、挽救了红军、挽救了中国革命，并且在这以后使党能够战胜张国焘的分裂主义，胜利完成长征，打开中国革命新局面。这在党的历史上是一个生死攸关的转折点。

　　"雄关漫道真如铁，而今迈步从头越。"摆脱了错误羁绊的红军，四渡赤水，巧渡金沙江，横跨大渡河，翻越雪山草地，最终在陕北找到革命的立足点和新的胜利的出发点。

　　今天我们来到遵义会议召开地，并不是为了欣赏这座中西合璧、文野相兼的军阀留下的公馆，也不是留恋它周围的名山秀水。

遵义会议室内挂钟

而是通过一个挂钟，深入了解那段历史，理解关于遵义会议"坚定信念、坚持真理、独立自主、团结统一"的精神。

这个挂钟，正是遵义会议召开时，会议室内的挂钟。它长 55.5 厘米，宽 25.3 厘米，厚 11 厘米，重 3000 克，为自鸣木壳机械摆钟，刻度为罗马数字，钟顶饰有变形植物图案木雕，底部系倒梯形木座。钟已不运行，时针、分针和钟摆已不存在。

1954 年，遵义专署经过多方调查考证，确定遵义会议会址系原国民党黔军第二十五军第二师师长柏辉章的私邸，遵义会议就在柏家二楼的小客厅召开。遵义会议会址初步确定后，遵义有关部门紧接着组织人员调查了解柏家有关情况，采访对象、柏家内亲余大勋和柏家奶妈谈道："红军走后，我们第一个回柏公馆，阁楼上的挂钟、吊灯、长方木桌等都在原处未动。"后来，柏家办了一所小学，曾将挂钟搬到小学使用。新中国成立初期，这所小学停办，这个挂钟被移交给了朝阳小学使用。

20 世纪 50 年代，遵义专署出面将这个挂钟由朝阳小学调拨遵义会议纪念馆收藏。1994 年，经国家文物局专家组鉴定为国家一级文物。现由遵义会议纪念馆保护管理。

本文由遵义会议纪念馆供稿

遵义会议纪念馆

一罐食盐
见真情

　　1928 年 4 月，朱德、陈毅率领的南昌起义余部及湘南农军上井冈山与毛泽东胜利会师。在井冈山斗争时期，毛泽东开创了一条"农村包围城市、武装夺取政权"的中国革命正确道路。当年，红军的生活异常艰苦，有这样一个动人的故事，既真实反映了井冈山时期的艰苦生活，又生动展现了军民的鱼水之情。

　　在井冈山革命博物馆保存着这样一罐珍贵的食盐：此罐鼓腹，曲颈，圆口，棕色，横条纹。其口径 9.5 厘米，底径 10.5 厘米，高 16.5 厘米，腹围 54.5 厘米。罐内的食盐接近颈部，结成一整块，其表面为灰黑色。这是 1928 年红四军送给李尚发的一罐食盐。

红四军送给李尚发的食盐陶罐

在井冈山斗争时期，国民党反动派在对井冈山革命根据地进行频繁军事进攻的同时，还对井冈山实行了严密的经济封锁。他们割断了外界和根据地之间的一切经济来往，断绝了根据地的各种经济来源，妄图把红军饿死、冻死、困死在井冈山。但是，井冈山军民并没有被敌人的封锁吓倒，他们同甘共苦、齐心协力，战胜了敌人的经济封锁，使得边界的红旗始终不倒。

由于敌人残酷的经济封锁，井冈山军民的生活异常艰苦，根据地出产的木材、茶叶、茶油等土特产品运不出去。同时，许多生活必需品如食盐、布匹、药品等又不能从外界输入，基本生活品十分缺乏。这样，井冈山革命根据地的物价就变得越来越高了，在根据地的中心茨坪和大小五井一带，一块银圆只能买 4 斤猪肉，或 10 来斤蔬菜，食盐则只能买 4 两。

食盐，是生活中必不可少的东西，在井冈山斗争时期，它却成了最为奇缺的货物。由于敌人的封锁在一天天加剧，物价在一天天上涨，食盐就越来越难以买到了。为了解决缺盐的困难，渡过难关，边界政府号召群众从自己家老房子的墙根上，挖出老土，换上新土，然后把挖出来的老土放在水里浸泡，用泡出的水熬制出硝盐。这种盐又苦又涩，很难入口。但就是这样的硝盐，如果能够在战士的南瓜汤里放进一点点，战士都感到非常满足了，因为这样总比长期不吃盐引起浮肿好多了。

红军生活条件非常艰苦，但他们心中想到更多的是人民群众，在一次攻打江西遂川县城的战斗中，红军缴获了一批食盐，战士想到群众的生活也很困难，就决定将这批食盐分发给当地群众。

茨坪有一位叫李尚发的农民，家里没有盐吃，炒菜时只好用醋来替代，每次孩子们都吵着不愿意吃这没有盐味的菜。当时红军有一个班借住在李尚发家，班长看到这种情况，就从连队拨给他们班的盐里分出了一些盐给李尚发一家送去。

可李尚发怎么都不肯接受，连连摇手说："你们拼着命才缴到这点盐，自己吃还不够，怎么能给我呢。"

"我们是有饭大家吃，有盐大家尝嘛。再说怎么能看着你的家人、你的孩子，天天吃淡的呢？还是请你收下吧！"

李尚发推辞不过，只好满怀感激地收下了这一瓢饱含深情的盐，可他一直舍不得吃，为此还特意找来一只褐色的陶瓷罐把这些盐装了起来。

1929 年 1 月，毛泽东、朱德率领红四军主力向赣南闽西挺进，开辟新的革命根据地。敌人窜入井冈山的心腹地带，见人就杀，见东西就抢。李尚发很担心这罐红军送的食盐会落到敌人手中，便找到一棵隐蔽的杉树，在树蔸下挖了一个洞，把盐罐藏得严严实实，做上只有自己才知道的记号，这才放心地带着家人躲进了深山。

在深山老林里，李尚发一家过着野人般的生活。平时吃得最多的是草根树皮，有时侥幸能捉到一两只山鼠野兔，也只能是没油没盐地煮着吃。有一次，家里人问李尚发："是不是把红军送的食盐挖出来吃？"可是李尚发却斩钉截铁地回答说："不能！红军一定会打回来的，苦日子不会太长！

我们再咬紧牙熬熬吧！"此时对于李尚发而言，那罐里装着的不仅仅是食盐，而是一种信念与希望：共产党领导的红军无论在怎样的艰难困苦的环境下都时时刻刻地想着老百姓的疾苦，都在为老百姓的利益而奋斗。只有共产党才是广大老百姓的救星，革命一定会胜利，好日子离我们一定不远了。就是在这种信念的支撑下，李尚发熬过了一场场腥风血雨。

一直熬到 1949 年新中国成立，李尚发才兴高采烈地跑到那棵老杉树下，小心翼翼地挖出了那罐食盐。从此，李尚发更是把这罐食盐当成了宝贝，经常端起来对他的儿孙进行鲜活的革命传统教育。1959 年，为了让更多的人了解这段历史，更好地宣传井冈山精神，李尚发将这罐食盐捐献给井冈山革命博物馆。如今，陈列在井冈山革命博物馆展厅里的这罐食盐，它所反映出来的军民鱼水之情，不知道感动了多少观众。

习近平总书记说过，江山就是人民，人民就是江山，人心向背关系党的生死存亡。在井冈山斗争时期，毛泽东、朱德等老一辈无产阶级革命家，心中时刻想着人民群众，从群众的利益出发，他们在井冈山不仅点燃了"工农武装割据"的星星之火，开辟了"农村包围城市、武装夺取政权"的中国革命道路，同时还锻造和培育了伟大的井冈山精神。回顾我们党走过的百年光辉历程，中国共产党之所以能立于不败之地，就在于我们党始终与广大人民群众站在一起，全心全意为人民服务，从而也得到了人民群众的支持与拥护。

本文由井冈山革命博物馆供稿

执笔人：周见美，井冈山革命博物馆陈列展览科副科长、

副研究馆员

井冈山革命博物馆

立夏节起义的会议桌

　　1997 年 5 月的一天，在金寨县革命博物馆，有一位老人在一张会议桌前久久不愿离去，他就是全国政协副主席洪学智上将，他十分感慨地说："当年立夏节起义，我到过穿石庙，也看见过这张桌子，这是件十分珍贵的文物，要好好保管教育后人。"

　　洪学智上将所说的这张桌子在 1983 年征集于当年立夏节起义（商南起义）的策源地——太平山穿石庙。桌子由柳木制成，看上去虽然普普通通，但它是立夏节起义的历史见证。看到它，我们仿佛又回到当年那段气吞山河的烽火岁月。

　　太平山穿石庙位于金寨县太平村。这张桌子原为穿石庙的一张香桌。1927 年国民党发动四一二反革命政变，轰轰烈烈的大革命开始从高潮走向失败。在外地学习和工作的中共党员周维炯、李梯云等，受党组织派遣先后回到商南（今金寨）。他们来到穿石庙，擦去这张桌子上尘封的蛛网和厚厚的香灰，围坐在桌旁，学习马列主义，谈论国家大事，诉说民间疾苦，开展革命活动。

1928年2月，党的八七会议精神在商南传达后，中共商南区委决定在次年中秋节发动武装起义。1929年春，国民党反动派发现共产党活动频繁，加强了戒备。不久，敌人开始"清乡"，大肆捕杀共产党员和农协骨干，党组织遭到极大的破坏。面对十分危急的形势，5月2日深夜，新成立

立夏节起义（商南起义）的会议桌

的商罗麻特别区委成员又一次来到穿石庙，围坐在这张桌子前。

一张张坚毅的面孔，一双双雄鹰般的眼睛，一个个钢铁般的脊梁，在这张会议桌前化作了共产党人特有的坚毅和不屈。会议决定：将起义时间提前到 5 月 6 日立夏节晚上进行。

到了立夏这天，按照行动计划，早已打入反动民团的周维炯利用其教练班长的身份，以过立夏节日为由，向反动民团的队长建议停止一天训练，让兄弟们打扫卫生，整理内务。他特意安排将反动民团的所有枪支都挂在墙上，并准备了丰盛的酒菜过立夏节。到了晚饭时分，聚餐开始，周维炯和一批共产党员分别坐在各桌，负责向团丁敬酒。经过几轮猜拳劝酒，反动民团从头目到团丁个个烂醉如泥，周维炯见时机成熟，捆绑了反动头目张瑞生，收缴了所有枪支，将团丁集中起来训话，宣布民团起义。团丁大多是穷苦农民，见枪支已收缴，领导起义的又是他们平日里敬佩的教练周维炯，个个拥护起义，愿意跟着共产党干革命。

一夜之间，丁家埠、斑竹园等 11 个暴动点同时行动。起义农民揭竿而起，全民皆兵，一鼓作气，势如破竹。他们手持大刀梭镖，一拥而上；他们高呼革命口号，回声响彻山谷，震天动地。反动民团溃不成军，望风而逃。那一晚，熊熊燃烧的火把映红了山脉，火光连绵直至天边。

几天之内，商南地区大部分被暴动群众占领。农民情绪激昂，他们打土豪、杀劣绅，开仓分粮。至此，立夏节起义大获全胜。起义的胜利极大地鼓舞了人民武装斗争的积极性，沉重地打击了国民党反动派在鄂豫皖边区的反动统治。

1929 年 5 月 9 日，各路起义队伍会师斑竹园，成立了中国工农红军第十一军第三十二师，这是商南所组建的第一支红军队伍，为日后开创鄂豫皖革命根据地、创建红四方面军打下了坚实的基础。

由红三十二师开始，12 支红军队伍在商南相继诞生、组建，从土地革命战争、长征、坚守三年游击战争、抗日救亡直到刘邓大军千里跃进大别山……历经无数次战斗，直至新中国的成立。大别山中 28 年军旗不倒，红旗一直高高飘扬！多年后，回溯这一支支红军队伍，历史无可辩驳地证明，金寨是中国革命的重要策源、人民军队的重要发源地。

在党的号召下，金寨地区十万英雄儿女踊跃参军参战，可他们绝大多数都为国捐躯了。新中国成立后，在为革命烈士整理资料时，我们悲痛地发现他们中只有一万多人留下了姓名，其他人成为无名英烈。一寸山河一寸血，一抔热土一抔魂。回想过去的烽火岁月，金寨人民以大无畏的牺牲精神，为中国革命事业立下了彪炳史册的功勋。

1932 年秋，鄂豫皖苏区的红军第四次反"围剿"失利，当地红军主力被迫转移，国民党反动派趁机侵入鄂豫皖苏区，疯狂地进行反革命"清剿"和屠杀，他们施行灭绝人性的"三光政策"，见人杀人，见房烧房，所到之处带来一片白色恐怖。太平山的穿石庙也毁于这场白色恐怖中，但是这张桌子却被当地群众转移收藏，保存至今。

桌前凝正气，英雄树丰碑。如今这张桌子作为珍贵的革命文物又重新展现在世人面前，它静静摆放在那里，朴实无华，却神圣庄严。

"立夏"的故事传诵到今天已经过去了 90 多年，革命先辈前仆后继的精神跨越时空却历久弥新，在我们一代代人接续奋斗的过程中，从来没有忘记我们党带领人民从筚路蓝缕到强国伟业的辉煌历程。

本文由金寨县革命博物馆供稿

执笔人：杨晓璐，金寨县革命博物馆馆长

金寨县革命博物馆

荡气回肠的《吕梁英雄传》

　　"天下黄河十八弯，怀中抱着吕梁山。"山西吕梁，一个千沟万壑中始终蕴藏着生机与希望的地方。70多年前，描写血与火的岁月的长篇小说《吕梁英雄传》就诞生在这里。"对党忠诚、无私奉献、敢于斗争"的吕梁精神在这部小说中得到了充分的诠释。

　　那是1945年春，晋绥边区召开第四届"群英会"，那可是真正的"群英大荟萃"呀！有爆炸大王，有神枪能手，有破击英雄，有锄奸模范……真是花开万朵、朵朵鲜红，这一个个英雄人物，让前去参加会议的《晋绥大众报》记者马烽、西戎顿生"谱以青史、亢声讴歌、弘扬后世"的创作冲动。于是经《晋绥大众报》编委会决定，两人选择其中一些典型人物素材，写成章回体小说在报上连载，这就是后来脍炙人口、闻名遐迩的《吕梁英雄传》。

《吕梁英雄传》以吕梁山区的一个叫"康家寨"的普通山村为背景，讲述村民在中国共产党敌后武工队领导下，同烧杀抢掠的日伪军、汉奸作斗争的故事。

抗战全面爆发后，日军入侵山西，深藏吕梁山腹地的康家寨未免于难，百姓屡遭日本侵略者铁蹄的蹂躏！中国共产党高举抗日救国的大旗，八路军千里长驱、挺进敌后，直接对日军作战。由贺龙率领的八路军第一二〇师，创建晋绥抗日民主根据地，一次次粉碎了敌人的进攻和蚕食，大力发动群众劳武结合，忠实贯彻毛泽东关于"把敌人挤出去"的战略方针，把敌占区挤得越来越小，把晋绥边区发展得越来越大。

《吕梁英雄传》为民兵英雄立传，贯穿"对党忠诚、无私奉献、敢于斗争"的伟大吕梁精神。传记中的众多人物，本都是安分守己的乡野农民，遵循着日出而作、日落而息的农耕传统，他们也许懦弱、守旧，可在国破家亡、敌人猖獗的非常时刻，一个个挺身而出，同侵略者展开了机智英勇的战斗。当时的吕梁山区，形势异常艰险、严峻，面对无恶不作、凶残无耻的日军，人民群众有心反抗，但不得方法要

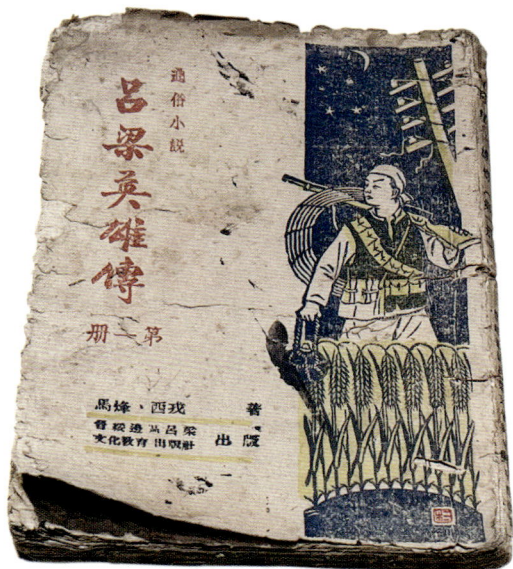

《吕梁英雄传》第一册

领。共产党领导的敌后武工队唤醒民众，自发建立民兵武装力量，他们劳作之余，练兵习武，一手拿锄头一手拿枪杆，与日伪军和汉奸展开殊死搏斗。

　　《吕梁英雄传》以民兵英雄为原型，成功刻画了以雷石柱、武得民、孟二愣等为代表的吕梁英雄儿女。雷石柱，面对敌人的凶残、暴戾，自发组织康家寨民兵队伍，展开轰轰烈烈的护村运动；武得民，一个有着苦难童年的普通村民，积极参加八路军，发动群众，在关键时刻沉着冷静，忠实执行党的政策和八路军的战略方针。他用热血和行动诠释了对党忠诚的政治品格和坚定的革命信念。

对党忠诚，是共产党人首要的政治品格，也是吕梁精神的第一要义。我们党一路走来，战胜了无数艰险和磨难，靠的就是千千万万党员的忠诚。孟二愣，康家寨最早的党员，眼看着父老乡亲遭受敌人的残酷虐待，不顾一切奋起抗争。他在被敌人抓走后，面对严刑拷打，宁死不屈、绝不求饶。从他身上，我们可以看到苦大仇深的青年农民，一旦被发动起来，就会迸发出巨大的战斗力，他们把对群众的爱和对敌人的恨，化作奋勇献身的行动，是民兵中最坚决、最可靠的力量。他们身上体现了共产党人艰苦奋斗、无私奉献的高尚品格和敢于斗争、善于斗争的革命精神，这是我军克敌制胜的传家法宝，也是吕梁精神的最鲜亮标识，贯穿《吕梁英雄传》全书、全过程。

历史的车轮滚滚向前，伟大精神历久弥新。当今中国正处于向第二个百年奋斗目标进军的关键时刻，国家强盛、民族复兴需要物质文明的积累，更需要精神文明的升华。"对党忠诚、无私奉献、敢于斗争"的吕梁精神，是中国共产党人红色基因和精神谱系的重要组成部分，是党和国家宝贵的精神财富，已经深深融入中华民族的血脉和灵魂，成为鼓舞和激励中国人民不断攻坚克难、从胜利走向胜利的强大精神动力！我们要始终牢记习近平总书记"把吕梁精神用在当今时代"的殷殷嘱托，面对未来各种重大挑战和风险，始终保持"越是艰险越向前"的英雄气概，保持"敢教日月换新天"的昂扬斗志，大力弘扬吕梁精神，埋头苦干、攻坚克难，奋力书写新时代中国特色社会主义新篇章！

《吕梁英雄传》出版后多次重印，还被翻译成日、俄、朝鲜等多国文字，在国外发行。2005 年，《吕梁英雄传》被拍成电视剧在央视一套黄金时段播出，从此"吕梁""吕梁精神"更加名扬天下。

本文由吕梁市晋绥边区革命纪念馆供稿

执笔人：康彦红，吕梁市晋绥边区革命纪念馆宣教科科长；

马彬彬，吕梁市晋绥边区革命纪念馆宣教科

晋绥边区革命纪念馆

新文化运动的旗帜《新青年》

1919 年 5 月《新青年》编辑部编、群益书社印行的
《新青年》第六卷第五号，是由李大钊主编的《新青年》"马
克思研究专号"。其中李大钊的《我的马克思主义观》标志
着马克思主义在中国进入了系统传播的阶段，标志着马克思
主义在中国系统化传播的开端。

《新青年》创刊于 1915 年 9 月 15 日，由陈独秀主编，
上海群益书社印行，第一卷名为《青年杂志》。1916 年 9
月 1 日，易名《新青年》。1917 年初，陈独秀任北京大学
文科学长，编辑部随之迁至北京。1918 年 1 月，《新青年》
由陈独秀个人编辑改为同人刊物，陈独秀、钱玄同、刘半
农、陶孟和、沈尹默、胡适、高一涵、李大钊相继为轮值

编辑。北京大学新派人物加入，实现了北大一校一刊的结
合，使《新青年》和北京大学成为新文化运动的主阵地，
《新青年》也受到广大进步青年，尤其是党的早期领导人的
喜爱。

毛泽东同志曾经说过："十月革命一声炮响，给我们送
来了马克思列宁主义。"1917 年 11 月 7 日，俄国十月革命
的胜利极大地鼓舞了国内先进知识分子。李大钊最早歌颂十

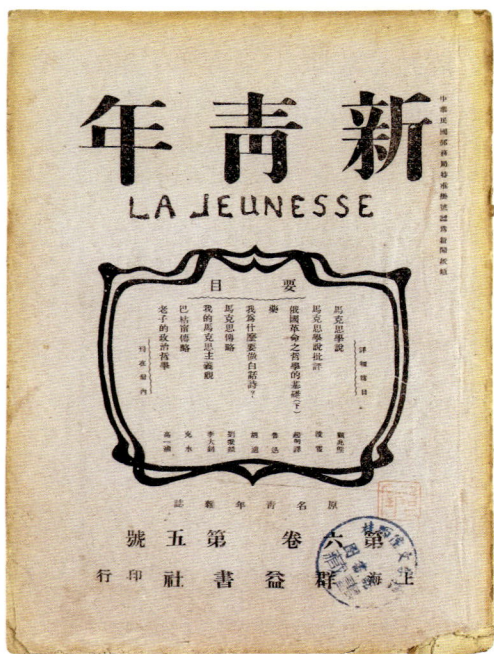

《新青年》第六卷第五号

月革命，义无反顾地承担起在中国传播马克思主义的历史责任。在当时，《新青年》无疑是最好的传播平台。

据统计，1919 年至 1922 年，《新青年》所刊登的文章中"社会主义"一词使用的频率骤然增加。《新青年》中，影响尤其深远的是这本由李大钊主编的"马克思研究专号"。

1919 年 5 月 4 日，五四风雷惊动天地。5 月 5 日是马克思诞辰 101 周年纪念日，轮值主编李大钊把《新青年》第六卷第五号设为"马克思主义研究"专号，本应当月发行，由于五四运动、陈独秀被捕、《新青年》编辑部被搜查等一系列事件，直至 9 月才得以出版。

《新青年》"马克思研究专号"刊登了 7 篇从不同角度、立场来介绍和评价马克思及其学说的文章，把对马克思研究推向新的高度。其中，李大钊长达两万字的《我的马克思主义观》在第六卷第五号、第六号连载，第一次较为系统阐述了马克思主义的三个组成部分，即唯物史观、政治经济学、科学社会主义的基本原理，并指出这三个部分"都有不可分割的关系，而阶级竞争恰如一条金线，把这三大原理从根本上联络起来"。他不仅主张用马克思的学说去认识社会和改造社会，而且积极提倡与各国的实际相结合，充分肯定马克思主义的历史地位，称其为"世界改造原动的学说"。

　　这篇文章的发表，标志着李大钊由一个爱国的民主主义者转变为一个马克思主义者，也标志着马克思主义在中国进入比较系统的传播阶段，引领着无数进步青年了解并接受马克思主义，走上中国革命之路。觉醒的中国，迎来了一个崭新的马克思主义政党的诞生。

　　百余年后的今天，李大钊的办公室，在北大红楼一层东南角完整复原；一本《新青年》第六卷第五号摆放在《新青年》展厅的正中央，书写着中国共产党人的初心、使命，伟大建党精神历久弥坚、绽放光芒，指引我们弘扬精神之源、勇毅前行、奋进新征程！

　　　　本文由中国共产党早期北京革命活动纪念馆供稿

中国共产党早期北京革命活动纪念馆

见证开天辟地大事变的红船

红船

　　"一艘小小红船承载着人民的重托、民族的希望，越过急流险滩，穿过惊涛骇浪，成为领航中国行稳致远的巍巍巨轮。"1921 年，中国共产党引领中国革命的航船从上海出发，辗转浙江嘉兴南湖，一路风雨兼程、劈波斩浪，驶向中华民族的独立解放与伟大复兴。如今，红船静静地停靠在南湖烟雨楼前的湖面上，讲述着中国革命航船启航的故事。

　　红船是一艘中型的单夹弄丝网船，主要质地为木，船身长约 16 米，最宽处 3 米。船头平阔。船身分为前舱、中舱、房舱和后舱，以左边的一条通道贯通。船舱用榉树、楮树等硬木材料，舱底用框状木板铺平。前舱顶部隆起，舱室较窄，两旁有可坐卧的沿板。中舱最宽敞，左右两侧有方形

南湖红船

玻璃吊窗，装有蓝士林布窗帘，顶部为明楼，明楼四壁雕刻半浮雕图案，顶中部挂一煤油吊灯，舱中旋转小方桌一只、茶几两只、椅子四把、凳子六只，还有框榻一张，榻上有小几，榻后挂有匾、联等物。中舱与前舱用可拆卸的雕花屏风隔开。房舱内置棕棚床榻，壁上挂有着衣镜，中舱与房舱用隔扇分开。后舱安有船舵、大橹，置有炊具。船后有一小拖梢船，为进城购置货物、接送客人之用。

　　1921 年 7 月 23 日，中国共产党第一次全国代表大会在上海法租界望志路 106 号（今兴业路 76 号）开幕。参加会议的代表有：上海的李达、李汉俊，北京的张国焘、刘仁静，长沙的毛泽东、何叔衡，武汉的董必武、陈潭秋，济南的王尽美、邓恩铭，广州的陈公博，旅日的周佛海；包惠僧受陈独秀派遣出席了会议。共产国际代表马林和尼克尔斯基出席会议。在广州的陈独秀和在北京的李大钊因有其他事务未出席会议。当时全国共有 50 多名党员。

7 月 30 日晚，中共一大最后一次会议因突遭法国巡捕袭扰而被迫中断。当天深夜，从会场内转移出来的部分人员，陆续聚集在老渔阳里 2 号《新青年》编辑部，商议下一步代表大会如何进行的事情。大家一致认为，这次法租界巡捕房的搜查，虽然没有造成直接的损失，但是会议不能继续在上海举行。为了保障会议安全，必须改变开会地点。这时，有人提出转移到杭州继续开会，但大家觉得杭州过于繁华，也容易暴露，到那里开会并不合适。在场的李达夫人王会悟提议，会议可以转移到她的家乡——浙江嘉兴继续召开。嘉兴的南湖游人不多，环境幽静，而且距离上海不远，到南湖开会比去杭州更为适宜。大家立即采纳了这个意见，当即决定前往嘉兴南湖继续开会。

为了缩小目标，避免引起他人的注意，大家决定分两批坐火车到嘉兴，并且各自买票，分散在不同车厢，相互之间装作不认识。第一批人员到达嘉兴后，在市内张家弄的鸳湖旅馆开了两个房间，作为落脚的地方，等待其他人员的到来。王会悟委托旅馆账房预租了一条中型游船，陪同董必武、陈潭秋、毛泽东等先行来到南湖湖心岛，到湖心岛后，登上烟雨楼，借欣赏湖光山色之机，仔细察看游船停泊的水域和路线。第二天上午，李达带着其余人员从上海乘坐早班火车来到嘉兴，由王会悟从嘉兴火车站迎接至南湖。大家在狮子汇渡口登上预租的游船，停泊在事先察看好的水域，中共一大最后一天的会议，就在缓缓划行的游船上开始了。

大会审议并通过了中国共产党第一个纲领和第一个决议；通过无记名投票，选举陈独秀、张国焘、李达组成中央局，陈独秀任中央局书记，张国焘任组织主任，李达任宣传主任。

下午6时许，中共一大完成会议全部议程，与会者轻声呼喊："共产党万岁，第三国际万岁，共产主义——人类的解放者万岁。"至此，中共一大胜利闭幕。中共一大宣告中国共产党正式成立，中国革命的历史翻开崭新的一页！

1959年，中共中央和浙江省委决定成立南湖革命纪念馆，复原当年开会的游船。纪念馆筹建工作人员在深入调查研究的基础上，制作了一艘游船模型，呈送中央文化部文物管理局，请报董必武审定。随后又请中共一大工作人员王会悟看了船模。根据董必武和王会悟的意见，纪念馆筹建办公室着手复原当年的游船，1959年10月1日正式对外展出。1964年4月5日，中共一大代表、国家副主席董必武重访南湖，专门参观了纪念船，并给予充分肯定，即兴挥毫题诗："革命声传画舫中，诞生共党庆工农。重来正值清明节，烟雨迷濛访旧踪。"

2005 年 6 月 21 日，《光明日报》发表习近平署名文章《弘扬"红船精神" 走在时代前列》，文章首次提出红船精神，并将其内涵概括为：开天辟地、敢为人先的首创精神，坚定理想、百折不挠的奋斗精神，立党为公、忠诚为民的奉献精神。

秀水泱泱，红船依旧；时代变迁，精神永恒。从"小小红船"到"巍巍巨轮"，在百年奋斗历程中，中国共产党领导人民取得了举世瞩目的辉煌成就，绘就了波澜壮阔的历史画卷，留下了弥足珍贵的宝贵经验和精神财富。站在新的历史起点，中国共产党以深沉的使命责任意识和强烈的历史担当精神，带领中国人民开启全面建设社会主义现代化国家新征程，为实现中华民族伟大复兴不懈奋斗！

本文由南湖革命纪念馆供稿

南湖革命纪念馆

一封写给雷锋的表扬信

表扬信

　　位于辽宁省抚顺市的雷锋纪念馆珍藏着许多文物，每件文物都与雷锋精神息息相关。

　　1960 年 9 月和 11 月，雷锋所在团政治处连续收到两封地方写给雷锋的表扬信。其中一封是由抚顺市望花区和平人民公社发来的。

　　抚顺市望花区和平人民公社的信中写的是感谢雷锋支援他们 100 元的事。信中说："……雷锋同志是我们人民解放军中的一员，他这种崇高的共产主义风格，是党长期教育的结果，是人民军队里战士中的榜样，我们深信雷锋同志这样的战士是很多很多的。雷锋同志发扬了我军拥政爱民、军民一家的光荣传统，对于他这种崇高的品质，我们只有对党所

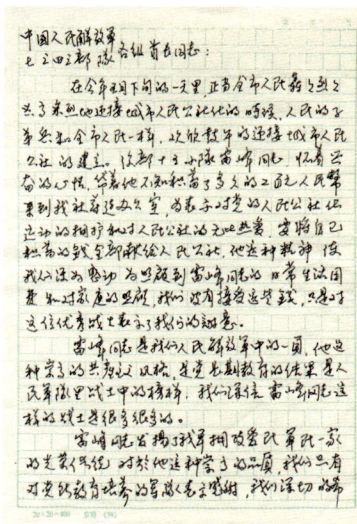

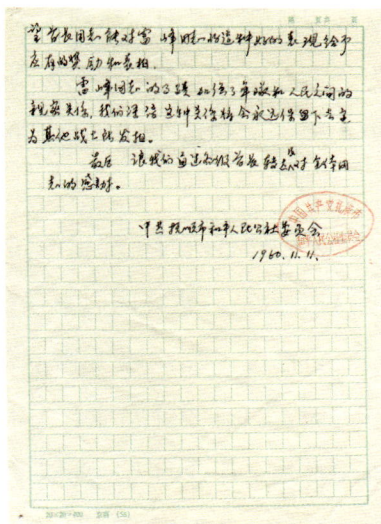

抚顺市和平人民公社写给雷锋所在部队的感谢信

教育培养的军队表示感谢……"

政治处的同志看了这封信以后震动很大，立即向团党委作了汇报。大家认为，在连队深入进行社会主义教育的时候，出现雷锋这样支援国家建设、心系党和人民的事迹并不是偶然，它说明我们军队永远和人民心连心，说明雷锋在认真实践我军全心全意为人民服务的建军宗旨。为了进一步了解雷锋的事迹，政治处派一名干事专门来到运输连，了解到了整件事情的来龙去脉。

一天下午，雷锋上街去理发，见到抚顺市望花区人民群众敲锣打鼓放鞭炮，热烈庆贺人民公社的成立。他心想，作为一个人民的子弟兵，能为刚刚建立的公社做点什么呢？他想来想去，忽然想到了自己的储蓄，就立刻向储蓄所飞奔而去。

来到储蓄所时，那里的同志一眼就认出了雷锋，并热情地打招呼说："雷锋同志来存钱啦？"

雷锋说："不，我是来取钱的。"

储蓄员有些疑惑地看了雷锋一眼说："取钱，雷锋你以前不都是来存钱的吗，要取多少？"

"看我存了多少吧？"

储蓄员很快翻到了雷锋的账页，看了一眼说："一共203元。"

雷锋想都没想，说："就帮我取200元吧。"

雷锋的储蓄存折

　　200元，在20世纪五六十年代可不是一笔小数目。储蓄员听雷锋要取这么多钱便问了一句："一下取这么多钱一定是家里有急事等着用钱吧？"

　　"家里……对，是家里着急用钱！"

　　雷锋取出了自己在工厂和部队省吃俭用才积存下来的200元后，就一阵风似的跑到望花区和平人民公社党委办公室。他在说明了来意后，就把钱放到办公桌上，并对党委办公室的一位同志说："这是我对望花区人民的一点心意，请收下吧！"公社党委办公室的同志感动地说："同志，你热爱公社的一片心意，我们收下了，可是钱我们不能收，还是留着你自己用或寄回家里去吧。""家……"这个"家"字深深触动了雷锋的心。他激动而又诚恳地说："我是一名孤儿，人民公社就是我家呀，我这钱就是给家里用的，假如我的父母还活着，我相信，他们一定不会拒绝一个儿子给的钱……"他又说："……这钱是人民给我的，现在就让它为人民的事业发挥一点作用吧！"

　　雷锋苦苦要求，接待他的人实在无法拒绝这份深厚的情谊，只好答应收下100元。这100元也就成了和平人民公社全体社员的一笔宝贵的精神财富。

　　后来，当辽阳地区遭遇洪灾的时候，雷锋把剩下的100

元连同自己写的一封感人的信寄给了辽阳灾区。辽阳市委在给雷锋部队写的感谢信中，又把这 100 元退了回来。

1960 年 8 月 20 日，雷锋在日记中写道："望花区成立了一个人民公社，我把平时节约下来的一百元钱，支援了他们；辽阳市遭受了洪水的灾害，我把省吃俭用积存的一百元钱寄给了辽阳灾区人民。有些人说我是'傻子'，是不对的。我要做一个有利于人民、有利于国家的人。如果说这是'傻子'，那我是甘心愿意做这样的'傻子'的。革命需要这样的'傻子'，建设也需要这样的'傻子'。我就是长着一个心眼，我一心向着党，向着社会主义，向着共产主义。"

当河南干沟小学写信向雷锋求援时，雷锋又把退回的 100 元捐了出去。雷锋在《入党转正申请书》中写道："我接到河南省一个民办小学校的来信，他们说，因几年遭到自然灾害，造成了一些暂时的困难，要我给予他们以经济援助。我看了这封信后，就向首长请示，准备卖掉自己的衣服和皮鞋，以支援他们办学。当首长没有同意我这种作法的时候，我心里却感到很不安，连觉也睡不着。我左思右想，后来拿出自己在部队一年零九个月所集留下来的全部津贴费（壹佰元），支援了干沟民办小学校。我把钱寄去了，心里也就快活了。"

　　雷锋平时很节俭，他在部队期间每月 6 元津贴费，除了留下交团费或党费、买书及必要的生活用品外，其余的全部存到储蓄所。他的一双袜子补了一层又一层，穿了多年不舍得丢掉。可是，当党和人民需要他的时候，他却愿意把自己的所有积蓄奉献出来。雷锋用自己的实际行动让所有人见证了他勤俭节约、无私奉献、舍己为人的高尚品德，把自己的一生都奉献给了党和人民。如果说雷锋是个"傻子"，那他也是个可敬的"傻子"，是个一心为党和人民着想的"傻子"。

　　时代虽然变迁，但雷锋精神永不过时。我们怎样向雷锋学习？学习他"热爱党、热爱祖国、热爱社会主义的崇高理想和坚定信念；服务人民、助人为乐的奉献精神；干一行爱一行、专一行精一行的敬业精神；锐意进取、自强不息的创新精神；艰苦奋斗、勤俭节约的创业精神"。以实际行动践行社会主义核心价值观，为中华民族伟大复兴贡献青春智慧和力量。

本文由抚顺市雷锋纪念馆供稿

执笔人：徐明，抚顺市雷锋纪念馆研究室主任

抚顺市雷锋纪念馆

鄂豫边成立第一个党支部时使用的党旗

这面底色斑驳有很多破损且十分陈旧的手工制作的褐色旗帜是一面党旗，是 1926 年鄂豫边中心区第一个农村党支部成立时使用过的党旗。

1921 年 7 月，中国共产党诞生了。从武汉来参加中共一大的董必武、陈潭秋返回家乡后，以武汉中学、启黄中学作为阵地吸收进步青年入党，培养革命力量，建立和发展党的组织。这为鄂豫边各县党组织的建立和农民运动的兴起培养了骨干力量。

吴焕先于 1923 年至 1925 年在湖北麻城蚕业学校学习时，参加该校马克思主义研究小组，通过阅读《新青年》《向导》等革命刊物，接受马克思主义知识，加入中国共产

吴焕先在箭厂河地区建立第一个党支部时使用的党旗

主义青年团。后加入中国共产党，被党组织派到"武汉青年研究所"学习，接受党的教育。接着遵照党的指示，随曹学楷、陈文侯回到家乡，开展革命活动，发展和建立党的组织。

1926年，吴焕先在箭厂河地区串联革命青年毛国新、吴先绪、吴先筹、詹以贤、肖崇善、石生财、戴华堂等加入中国共产党。他们在箭厂河黄泥榜一棵大松树下举行入党宣誓，在宣誓时大家不敢把缀有金黄色镰刀锤头的红色党旗高高地挂起，党员同志便把党旗平铺在地上，共同看向党旗，庄严宣誓："严守秘密，牺牲个人，阶级斗争，实行革命，服从纪律，誓不背党。"鄂豫边第一个党支部的成立，用的就是这面珍贵的党旗。党支部领导和发动农民开展革命运动，革命的深入发展需要大批先进分子参与，1927年，党支部吸收在农民运动中涌现出来的先进分子入党。当时，加入党组织的条件是：成分好、社会关系好、思想好、纪律好，立场坚定，大公无私，能为革命牺牲一切，能保守党的秘密。发展党的方式是，通过串联发展对象，介绍人向发展对象进行教育，条件成熟就召开党的支部会，举行入党仪式（使用的都是这面党旗），由接收人介绍情况，入党人宣读入党誓词。他们之中有吴先旺、吴维如、吴维英、周业臣、吴维和、吴先恩、肖洪焰、吴先炎等。

星星之火，可以燎原！大别山地区的革命运动和党组织迅速发展，这面珍贵的党旗一直由吴焕先所在的党支部使用保管，它见证着鄂豫皖革命根据地的发展壮大。到1930年9月，鄂豫皖根据地共发展党支部281个，党员4476人。在红二十五军长征出发前，吴焕先将这面党旗交由革命群众带回老家保管，后来一直被保存在革命群众家的夹墙缝里，在1956年鄂豫皖苏区首府烈士陵园纪念馆建设初期，箭厂河曹门村吴姓群众将这面党旗捐赠纪念馆，为纪念馆馆藏三级文物。

本文由鄂豫皖苏区首府烈士陵园供稿

执笔人：张蕾，鄂豫皖苏区首府烈士陵园管理处副主任

鄂豫皖苏区首府烈士陵园

小小西迁乘车证

深深爱国主义情

　　"向科学进军，建设大西北！"在 60 多年前的盛夏，这样一句振奋人心的口号，伴随着火车的鸣笛，经历了 40 多个小时 1500 千米的颠簸，从上海徐家汇响彻西安兴庆宫旁。

　　1955 年，为了社会主义建设和国防建设的需要，改变当时高等教育布局不合理的局面，中央决定交通大学从上海迁往西安。面对国家交予的重任，交大人没有退缩，1955 年 4 月初，甫一接到迁校通知，5 月旋即展开选址工作，10 月西安新校区开展基建。到 1956 年 8 月 10 日，交大首批西迁的数千名师生响应党和国家"支援西部"的号召，告别繁华的上海，踏上了沪陕两地政府为了方便交大师生搬迁而开设的"交大支援大西北专列"，也就是我们常说的"西迁专列"。而"向科学进军，建设大西北！"这句口号就来自师生们当时手握着的特制的粉红色乘车证。

在乘车证上除了车次信息，我们还可以看到左上角印有一组图案：高楼、书本、笔墨、鲜花，象征着崭新的校园环境优美，新中国的教育事业前程似锦。右下角的图案是一列疾驰的火车，满载着交大师生建设大西北的热情，穿行在祖国的壮美山川之中。上方中部印有 10 个大字："向科学进军，建设大西北！"这不仅是社会主义建设的时代召唤，更是成为一代代交大人扎根西部的使命职责。

汽笛声响，凯歌高唱，斗志昂扬。西行的列车上，有热工学家陈大燮、电工学家钟兆琳、热能动力工程学家陈学俊等人。陈大燮作为迁校带头人之一，放弃了上海的房产和优越生活环境，义无反顾偕夫人首批赴西安参加建校工作。"中国电机之父"钟兆琳迁校时已经 50 多岁，当时周恩来总理考虑到钟先生年事已高，且爱人常年卧病在床，让他不必去西安了，但钟兆琳明确表态："当初校务委员会开会表决，我是举手赞成了的，大学教师决不能失信于人，失信于西北人民！"于是他安顿好家人，一个人带领电机系师生意气风发地踏上了西行的列车。西迁队伍中最年轻的教授陈学俊，与夫人袁旦庆毅然将位于上海国际饭店附近的房子交给上海

西迁专列乘车证

市房管部门，带着 4 个年幼的孩子来到西安。夫妻二人坚定地说"既然去西安扎根西北黄土地，就不要再为房子而有所牵挂，这些都是身外之物，不值得去计较。"

　　从鱼米之乡的东南沿海到黄沙漫天的西北内陆，面对"电灯不明，马路不平，电话不灵"甚至晚上还能听见狼嚎的景象，面对生活条件极为不便的环境，交大人没有退缩，一颗颗火热的心只想要早日投身祖国建设。后勤基建井然有序进行，学科建设分秒必争开展，师生生活逐步回归常态。1956 年 9 月 10 日，6000 多名师生汇聚在西安新校园，在西安人民大厦举行了开学典礼。"与党和国家的发展同向同行"，从上海来到西安，跨越了半个中国的交通大学没有因为迁校而晚开一天学、少开一节课、迟开一门实验，创造了"交大速度"，也创造了中国高等教育史上的奇迹。

40多个小时的车程、200多节车皮的物资运输、1500千米的路途、近万人的奉献，"党让我们去哪里，我们背起行囊就去哪里"，这张乘车证就是西迁人以身许国、心系人民最生动的实物见证。朴实无华、简洁明了的乘车证，承载的是交大人那段如火如荼的西迁岁月，体现出了以爱国主义为核心，以听党指挥跟党走为精髓，与党和国家、与民族和人民同呼吸、共命运的西迁精神。

本文由西安交通大学交大西迁博物馆供稿

执笔人：邢夏菡，西安交通大学西迁博物馆宣教部；

赵磊，西安交通大学西迁博物馆展陈部

交大西迁博物馆

印证浦东发展三十年的邮票

　　位于长江与东海交汇处的浦东，因改革开放而生，因改革开放而兴。

　　2020 年，为纪念展示浦东开发开放 30 周年取得的巨大成就，浦东新区布置了"在国家战略的引领下——浦东开发开放 30 周年主题展"；同《人民日报》一起举办浦东开发开放 30 周年理论研讨会；发行浦东开发开放 30 周年相关的特种邮票、纪念券、明信片、纪念章等系列纪念品。此次选取展出《新时代的浦东》特种邮票，主要是因为它创造了新中国邮政史上第一次为一个地区发行两套邮票的纪录。如今，这套邮票陈列在浦东展览馆第五展厅"望江驿"置景中。浦东展览馆也是 2020 年 11 月 12 日，习近平总书记等

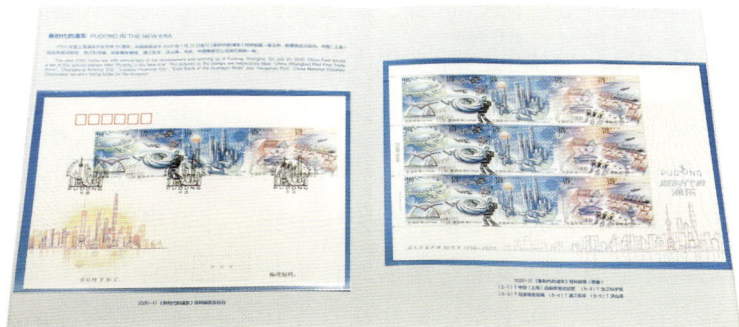

《新时代的浦东》特种邮票

党和国家领导人参观"在国家战略的引领下——浦东开发开放 30 周年主题展"的展馆。

在邮票的设计过程中，尽管设计稿有多个版本，但突出"上海中心"这一原则是一贯的。最后形成的版本，对五联票的中幅加以尺寸调整，视觉效果更突出，成为这套邮票的一个亮点。

《新时代的浦东》特种邮票一套 5 枚，全套邮票面值为 6.00 元，由著名设计师韩秉华设计。这是继 1996 年中国邮政发行《上海浦东》特种邮票以来，第二套上海城市发展主题邮票。邮票整体采用中央向两边扩射，以简化的标志性建筑为基础元素，通过中国（上海）自由贸易试验区、张江科学城、陆家嘴金融城、浦江东岸、洋山港 5 个区域，展现了浦东国际经济、金融、贸易、航运、科创中心核心承载区建设情况和日益加快的国际文化大都市建设步伐，将浦东日新月异的变化浓缩于方寸之间。

由于 5 枚邮票需要展现的建筑和符号图形内容繁杂，很容易形成堆砌，排列不慎会给人压迫感。韩秉华别出心裁地将第三枚邮票"陆家嘴金融城"作为整套邮票的中心，这枚邮票呈横方形，略大于左右两边的 4 枚竖形票。这种从中间向两边扩射的连票形式，借助连票的"连气"（连贯的留白）和远近高低的不同视角，使邮票上的图案元素以大小不等的体量互相穿插，避免了拥挤，营造了空间感。第三枚邮票"陆家嘴金融城"票图聚焦高空俯瞰的陆家嘴金融城拔地而起的一幢幢地标建筑，如金茂大厦、环球金融中心、上海中心、东方明珠塔等。画面上饰以上下跃动的竖线与象征日出东方的图形，以展现金融中心的活力；节节上升的指数线与地球图形寓意上海浦东的金融经济地位，不仅服务全国乃至亚太地区，而且辐射全球。

发行一套邮票，是当时上海市委主要领导多次提及的要求。2020 年 2 月，市委专题会议研究庆祝浦东开发开放 30 周年工作，其中特别提出，要推出一套纪念邮票，让更多人感受浦东开发开放 30 周年的氛围。7 月 20 日，《新时代的浦东》特种邮票正式发行。从邮票的论证、设计、确定、发行到面世，仅用了 3 个多月的时间，创造了邮票发行的"浦东奇迹""浦东速度"。

受疫情影响，邮票设计工作采取远程的方式。其中，有来自北京的设计师，也有来自上海本地的，当时并不知道自己方案最终当选的香港设计师韩秉华也参与进来。2020 年 4 月底，尚在香港的韩秉华意外地收到了中国邮政关于《新时代的浦东》邮票的设计邀请，他立即作了初步的构思，画好了线稿草图。5 月 8 日飞抵上海，在宾馆度过两周的隔离期。隔离期间，他就着手邮票的设计工作，一边构思方案，一边通过电话、微信、快递等方式遥控设计助理团队根据手稿作出相应的电脑效果。12 天后，他从隔离的宾馆发出了邮票竞稿方案。在隔离点进行设计工作十几天，这恐怕也是新中国邮政史上绝无仅有的。

获知自己的方案通过初评后，韩秉华结合邮票发行部门的反馈意见，与相关部门多次探讨修改事宜，不断修改、完善邮票图稿。7 月 1 日，在终审定稿之际，他前往郑州，与河南省邮电印刷厂的工艺设计人员一起探讨这套邮票的印制工艺。历经两日 5 次紧张的打样试印，最终确定了邮票采用冷烫、贴膜、荧光幻彩等印制工艺。

浦东开发开放是党领导下的改革开放的重要标志和上海现代化建设的缩影，是党的历史的重要篇章。经过 30 多年发展，浦东已经从过去以农业为主的区域，变成了一座功能集聚、要素齐全、设施先进的现代化新城。1996年的第一套浦东邮票上，只有一座东方明珠塔，而2020年的邮票上，已经是高楼林立、此起彼伏。浦东三十而立，扬帆再起航！

本文由中共上海市浦东新区区委宣传部供稿

执笔人：宋英巧

上海浦东展览馆

催人泪下的红军碗

1934 年 10 月，由于中央苏区第五次反"围剿"严重失利，中共中央、中革军委率中央红军主力 8.6 万余人，踏上战略转移的漫漫征程。从 10 月下旬至 11 月中旬，中央红军先后突破敌人在赣、粤、湘三省边界设置的三道封锁线。

11 月 25 日，中革军委在湘南道县正式作出突破敌人第四道封锁线的湘江战役部署，红军开始进入广西。国民党蒋介石在 11 月上旬已判明了中央红军沿着红六军团行军路线去湘西会合红二、红六军团的意图，于是利用桂北湘江上游作为屏障，构筑第四道封锁线。11 月 27 日，红一军团前锋抢占并控制了界首渡至屏山渡湘江上游 30 千米的江段，为红军抢渡湘江创造了极为有利的条件。

耳木洞里的红军碗

从 11 月 27 日至 12 月 1 日，红军以饥饿疲惫之师，与国民党军队展开了殊死的决战，苦战五昼夜，两翼前卫部队红一、三军团主力分别在灌阳新圩、全州脚山铺、兴安光华铺，后卫红五军团等部队在湘桂边界，奋勇阻击敌人，掩护中央领导机关编成的军委两个纵队抢渡湘江。11 月 30 日军委一纵、二纵先后从界首渡过湘江，进入越城岭山地。12 月 1 日，滞后的红五、八、九军团从凤凰嘴渡口等渡江点涉渡湘江时，遭到空中敌机的狂轰滥炸及地面敌军疯狂追击。至当晚，中央领导机关和红军大部渡过湘江。但红五军团第三十四师和红三军团第六师第十八团，被敌军阻止在湘江东岸，最后弹尽粮绝，大部壮烈牺牲。

1934 年 11 月 30 日，担任新圩阻击战斗任务的红五师赶往界首增援，红六师第十八团接防新圩，因敌众我寡，红十八团阵地很快被敌人突破。红十八团一边阻击一边后撤，当撤至隔壁山一带时，战士们借助当地的一片石阵作为掩体继续与敌人展开战斗，最终大部牺牲。战后当地老百姓冒险将牺牲的红军战士就地进行掩埋，并在每年清明和过年前夕按照当地习俗为红军扫墓，此处的红军墓一直保存至今。

2016 年，一些红军后代重走长征路来到此地，突然一位老者脚下被绊了一下，发现竟是一根人的骨头，老者顿时潸然泪下。随后，在政府和民间多方努力下，以广西壮族自治区党委的名义形成了一份关于湘江战役红军遗骸收殓保护的报告，上报给中央办公厅，并得到习近平总书记等 14 位领导的关注和批示。2018 年 12 月，中宣部部长黄坤明到桂北调研红军遗骸收殓保护工作，专程来到了隔壁山和耳木洞，在看到昔日战场和现场保护的场景，聆听了当地的汇报后十分感动，当场落下热泪。因为湘江战役的惨烈，当地一直流传着这样一首民谣："湘桂古道红军路，寸土千滴红军血。湘桂古道红军路，一步一尊烈士身。湘桂古道红军路，一草一木一英魂。湘桂古道红军路，一山一石一丰碑。英雄血染湘江渡，江底尽埋英烈骨。三年不饮湘江水，十年不食湘江鱼。"调研后，黄坤明部长在指导红军长征湘江战役纪念园建设时，提炼把"一草一木一忠魂，一山一石一丰碑"作为纪念园的主题，按照总书记的要求，依山就势建设纪念园，保持生态自然的理念，将散葬在全州的红军遗骸集中安放在纪念林区。

在湘江战役发生 85 周年之际，根据习近平总书记的重要批示精神，我们在湘江战役的战场遗址上修建了纪念园，将散葬在桂北大地的红军遗骸进行挖掘收殓、集中安放，以表达对红军先烈的永久纪念。在进行纪念园的建设和开展遗骸收殓的过程中，工作人员无不被红军先烈的英勇事迹感动。

位于全州县的一个遗骸挖掘点，叫作耳木洞。当年，一支因伤病失散的红军队伍，为躲避敌人的"搜剿"，躲进了这个山洞，后来不幸被敌人发现，敌人用硫磺和辣椒点成烟往洞里熏，就这样，躲在洞里的红军全部被熏死。工作人员在进行遗骸收殓时，从洞里挖掘出红军遗骸 30 具，遗骨 3000 余块。

就在离耳木洞不远处，发掘人员在一个山崖的崖壁下面，发掘出了一具非常完整的红军遗骸，这具遗骸倚靠着崖壁，右手伸向不远处的一个瓷碗，据发掘人员推测：这位红军战士当时应该是受伤后躲避在这里的，身体极度虚弱，他想要伸手去拿碗喝水，但就是够不着，所以牺牲之后手一直保持着这个姿势。后来经过 DNA 鉴定，这具遗骸的骨龄不足 14 岁。这正是一个孩子的年龄，要是现在可能还在上初中，还依偎在父母的怀里撒娇呢。但在那个战乱的年代，他们食不果腹、衣不遮体，小小年纪就跟着父辈、跟着红军出来参加革命。而这个碗，就见证了千千万万红军将士身上所体现出的勇于胜利、勇于突破、勇于牺牲的大无畏革命精神。

湘江战役是关系中央红军生死存亡的关键一战，是长征史上最壮烈最惨烈的一战。红军将士浴血奋战，向死而生，突破敌军重兵设防的第四道封锁线，粉碎了蒋介石围歼中央红军于湘江以东的企图。但是，红军也为此付出了极为惨重的代价。渡过湘江后，中央红军和中央机关人员已由长征出发时的 8.6 万余人锐减至 3 万余人。湘江战役宣告了"左"倾教条主义错误路线的彻底破产，为遵义会议的召开，确立毛泽东在中共中央和红军的领导地位奠定了思想基础。红军将士用热血和生命谱写了感天动地、气壮山河的英雄史诗，铸就了不忘初心、牢记使命的历史丰碑。

本文由红军长征湘江战役纪念馆供稿

执笔人：胡雅馨，红军长征湘江战役纪念馆副馆长

红军长征湘江战役纪念馆

一台特殊的手摇计算机

在青海原子城纪念馆里陈列着一台有着 60 多年历史的老式手摇计算机。这台手摇计算机在我国第一颗原子弹研制过程中，承担了大量的数据计算任务，取得大量计算成果，立下赫赫战功，是一件功勋设备。

1957 年，中国与苏联签订了《中苏国防新技术协定》。按照协定，苏联将援助中国研制原子弹，向中国提供原子弹的教学模型和图纸资料。但到了 1959 年 6 月，苏联突然致函中国，表示不会向中国提供原子弹教学模型和图纸资料，不等中国答复，苏联政府撕毁同中国签订的所有协定和合同，苏联专家也带着图纸资料撤出中国。苏联领导人还讥讽地说："中国人穷得三个穿一条裤子，二十年也搞不出原

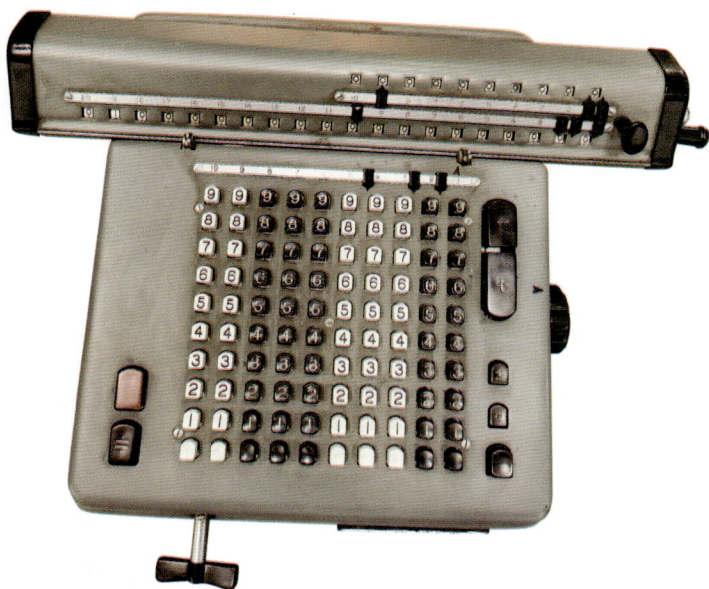

飞鱼牌手摇计算机

子弹。"三年困难时期，粮食紧张开始了全国性的蔓延，但在"北京九所"里，算盘和手摇计算机噼啪作响，从来没有停止过。年轻的科研人员在邓稼先的带领下，紧张地进行着"九次计算"。

所谓"九次计算"，就是利用特征线法解流体力学方程，模拟从启爆到碰靶的物质运动全过程。如果计算结果和苏联资料中提供的数据接近，说明我们自己的科研人员掌握了原子弹的工作原理，只有这样，才能开始原子弹的理论设计。

当时，他们最先进的运算工具只是一台乌拉尔计算机，大量的数据主要靠手摇计算机和计算尺，甚至用算盘运算。

手摇计算机，顾名思义，就是用手摇作为动力的机械计算机。它是一种齿数可变的齿轮计算机，只能进行简单的加减乘除运算。它的计算原理，是通过齿轮转动来完成"加减乘除"四则运算，既耗时又费力。据当时的科研人员讲，得到一个数据，往往需要上百步计算，4 台手摇计算机一天三班倒，20 多天才能取得一次计算结果。这是一个极端考验意志力的过程，也是一个在迷雾中探路求证的过程。当时，郭永怀、王淦昌、彭桓武、程开甲、陈能宽等顶尖科学家参与其中，但是，"九次计算"如同一个关口，卡在那里，得出来的一个重要数据和苏联专家讲课时提到的技术指标不符合。1961 年 9 月，周光召从炸药能量的利用率入手，求出炸药所做的最大功，从理论上证明了"九次计算"结果的正确性和苏联数据的不可能，为"九次计算"画上了圆满的句号。

"九次计算"持续将近一年的时间，反复磨砺，厚积薄发，为之后原子弹和氢弹的成功爆炸奠定了坚实的理论基础。"九次计算"结束后，原子弹的研制加速进行，1963 年初，中国第一颗原子弹理论设计方案按预定计划诞生了，

39 岁的邓稼先在这份历史性的文件上郑重地签署了自己的名字。

这台手摇计算机，是一段尘封的历史，更是一段鲜活的历史，60 多年的历史在岁月的长河中并不久远，但它默默见证了一段辉煌的历程。如今，这台老式手摇计算机，被评为一级革命文物，陈列在青海原子城纪念馆，静静向人们诉说着那段过往，也时刻激励着我们：在科技强国的征程中，只有独立自主、自力更生，勇攀科学高峰，努力实现更多"从 0 到 1"的突破，才不会有"卡脖子"的隐忧，才能抢占科技竞争制高点。

本文由青海原子城纪念馆供稿

青海原子城纪念馆

红旗渠修渠使用的除险钩

河南省的林州市博物馆里，收藏着一件国家二级文物——红旗渠特等劳模任羊成曾经使用的除险铁钩。钩面撞击险石留下的痕迹，镌刻着一段不朽传奇。

林州市位于太行山东麓，历史上严重干旱缺水。为了改变十年九旱、水贵如油的局面，1960年2月10日，中共林县县委向全县人民发出"引漳入林"的号召，37000多名民工汇聚到浊漳河边，劈山建渠，要把滚滚河水从山西引入林县。

红旗渠工程动工正赶上国家最为困难的时期，物资十分匮乏，机械化程度也很低。在修渠过程中，英雄的林县人民想尽了各种办法，没有水泥、石灰、炸药，就自己建厂自己

修红旗渠时凌空除险作业的必备工具——除险钩

生产；没有机械设备，那就靠肩扛手推、铁锤钢钎；没有精密的测量仪器，就用脸盆盛水自制简陋的水平仪来代替；大家找不到合适的地方，就睡在山崖下、石缝中，有的垒石庵，有的挖窑洞，有的露天打铺，睡在没有房顶、没有床、更没有火的石板上，真是"铺天盖地"。

谈起战天斗地的岁月，90多岁的任羊成掷地有声。

红旗渠开工的第四个月在鸻鹋崖发生了事故，当场牺牲9名群众。总指挥部决定组织精兵强将搞一次大会战，任羊成主动报了名，12名扒山能手，组成一支除险队。他们身系大绳，手拿锤、钎、钩撬等工具，一个个溜着大绳飞下悬崖，凌空飞荡，直扑崖壁，犹如一只只雄鹰，翱翔在险石丛中。

当年在工地上最危险的就是除险任务，70多丈高的悬崖，上不见青天，下面是滔滔河水。不要说上面掉个大石头了，鸟从上面蹬下来一个拇指大小的石头就能要了人的命。

"先用除险钩去钩石块，钩不动的再用铁锤去砸，一定得把险石除掉，好让后面的人安全施工。"满心扑在工程上的任羊成，从来顾不上什么危险。

通天沟除险，任羊成脚蹬崖壁用力荡起的时候，绳子脱落，被抛进了荆棘丛中。一阵阵钻心的疼，仿佛要把他撕裂成无数碎片，半寸长的圪针扎遍了他的全身。任羊成忍着全身剧烈的刺痛，咬紧牙关继续清除危石。"大娘，找个大号的针给俺挑挑身上的圪针。"晚上回到住的地方，任羊成一脱布衫，大娘吓得打了个愣怔。她一边挑一边心疼地叹气："这么多圪针，叫俺咋挑？"任羊成说："那就拣长的挑吧。"然而，剩下来的那些小刺却永远留在了英雄的体内。

每天出门前的任羊成，都会习惯性地把铺盖卷打好，绳子一系，粮票放上去，笑着对工友说，如果我今天回不来了，你们就把我这仅有的几两棉套放在棺材底下，就可以下葬了。因为他不知道今天出去是否还能回来。

　　鸹鹋崖除险时，他抬头往上看，一块石头突然落下，正好砸在他的嘴上。一阵钻心的疼痛，几乎使他昏迷过去。他想向崖顶喊话，但觉得满嘴麻木，怎么也张不开嘴，舌头也动弹不得了。用手一摸，原来一排上牙全被砸倒，紧紧压在舌头上。他从腰间抽出钢钎，插进嘴里把牙齿别了起来，谁知用手一扶，四颗门牙都断在嘴里。任羊成吐出断牙，又吐了一口血，摸摸嘴，整个脸都肿了起来。即便如此，第二天任羊成也没有休息，而是戴上口罩，坚持在悬崖峭壁间下崭除险。

　　新华社老社长穆青在1994年发表长篇报道《两张闪光的照片》。1996年，穆青在《十个共产党员》一书收录的《两张闪光的照片》中这样写道："除险队长任羊成，阎王殿里报了名。""我问他身上是否还有绳勒的伤痕？他说，还有。他脱下上衣，果然露出了一圈厚厚的老茧，像一条赤褐色的带子缠在腰际。我用手轻轻地抚摸着那条伤痕，实在抑制不住自己的感情，眼里早已充满了泪水。我紧紧握住他的手，半晌说不出一句话来。还用说什么呢？那一圈老茧，已经说明，为了红旗渠，他忍受了多大的疼痛，做出了多大的奉献！我为他披上衣服，说：'羊成，你受苦了！'这样一句话，他眼里也顿时闪出了泪花。"就是在这个瘦小的身躯里，却蕴含令人难以想象的惊人力量！

10 万名像任羊成一样的林县开山者，日夜奋战，逢山凿洞，遇沟架桥，一锤一钎，苦干十年，硬是在太行山的悬崖绝壁上开凿出了长达 1500 千米的大型引水灌溉工程——红旗渠，结束了林县"十年九旱、水贵如油"的苦难历史，孕育形成了"自力更生、艰苦创业、团结协作、无私奉献"的红旗渠精神。

如今，这条穿梭在巍巍太行山间的"逆天"长渠内，河水一刻不停地向前流淌，一如那红旗渠精神永远流传。

2022 年 10 月 28 日，党的二十大闭幕不到一周，习近平总书记来到红旗渠考察调研时指出："红旗渠就是纪念碑，记载了林县人不认命、不服输、敢于战天斗地的英雄气概。要用红旗渠精神教育人民特别是广大青少年，社会主义是拼出来、干出来、拿命换来的，不仅过去如此，新时代也是如此。没有老一辈人拼命地干，没有他们付出的鲜血乃至生命，就没有今天的幸福生活，我们要永远铭记他们。""今天，物质生活大为改善，但愚公移山、艰苦奋斗的精神不能变。"

习近平总书记强调："红旗渠精神同延安精神是一脉相承的，是中华民族不可磨灭的历史记忆，永远震撼人心。年轻一代要继承和发扬吃苦耐劳、自力更生、艰苦奋斗的精神，摒弃骄娇二气，像我们的父辈一样把青春热血镌刻在历史的丰碑上。实现第二个百年奋斗目标也就是一两代人的事，我们正逢其时、不可辜负，要作出我们这一代的贡献。红旗渠精神永在！"

本文由红旗渠纪念馆供稿

红旗渠纪念馆

周恩来的『三用』大衣

　　这件深褐色皮质大衣是周恩来在延安时期一直携带、时常穿着的大衣，是国家一级文物，长 115 厘米，胸围 142 厘米。因长期使用，局部有褪色，里衬有破洞。这件制作精良的皮大衣是周恩来 1940 年从苏联带回来的。从那时起，这件大衣伴随周恩来度过了十多个春夏秋冬。

　　在革命战争年代，这件大衣远远超出了它的原有功能，被誉为"三用"大衣，彰显了老一辈无产阶级革命家艰苦创业、勤俭节约的优良作风。1946 年，周恩来就是穿着这件皮大衣赴重庆参加政治协商会议。会议上签订了《关于政府组织问题的协议》《和平建国纲领》等五项协议，确定了民主改革的总方向，见证了党的统一战线的胜利。

周恩来穿过的皮大衣

　　1947年3月18日晚，毛泽东和周恩来带领中央直属队撤离延安，开始了转战陕北的征程。在转战陕北的一年多时间里，战事紧张、工作繁重、风餐露宿，生活非常艰苦。周恩来夏天把大衣当作雨衣来挡雨，晚上则将大衣当作被子来保暖，冬天再让大衣回归本职，抵御陕北的严寒，因此这件大衣被称为"三用"大衣。在转战陕北途中，一天突遇滂沱大雨。周恩来连忙叫警卫员把大衣盖在文件箱上，保护党中央的重要文件，而他自己却冒着大雨和大家一起艰难地跋涉了二三十里山路。当他们总算爬上山顶时，因为没穿雨衣，每个人都被雨淋得透湿。为防止暴露，又不能点火取暖。山上的寒风一吹，冷得人直打哆嗦，有一位女同志冷得受不了，干脆钻到骡子的肚皮下，贴着骡子的肚皮取暖。即便这样，周恩来也没有把大衣从文件箱上拿下来穿在身上。

1948 年 3 月，解放战争进入战略反攻阶段，延安解放指日可待。周恩来告别了他生活战斗了 13 个春秋的陕北，和毛泽东主席一起东渡黄河。这件皮大衣也随他一起离开陕北前往河北。

1949 年，新中国成立后，这件皮大衣结束了它陪伴主人南征北战的任务，但是周恩来却舍不得扔掉，就把它送给邓颖超。邓颖超穿到 1956 年，把它交给卫士长成元功保存。1964 年 8 月 5 日，这件跟随周恩来多年的皮大衣被赠送给延安革命纪念馆收藏。

这件皮大衣是周恩来艰苦朴素的革命精神和勤俭节约的生活作风的具体体现，更是延安精神的真实写照。谈起延安精神，必须要追溯伟大建党精神。2021 年，习近平总书记在庆祝中国共产党成立 100 周年大会上指出："一百年前，中国共产党的先驱们创建了中国共产党，形成了坚持真理、坚守理想，践行初心、担当使命，不怕牺牲、英勇斗争，对党忠诚、不负人民的伟大建党精神，这是中国共产党的精神之源。"

百年历史波澜壮阔，百年初心历久弥坚。延安时期的13年，是中国共产党历史上辉煌的13年，在这期间，确立了毛泽东思想在全党的指导地位，中国共产党领导中国革命从胜利走向胜利，中国共产党在延安13年的革命实践中培育形成的光照千秋的延安精神，这与伟大建党精神一脉相承，是中国共产党精神谱系的重要构成部分。

延安精神是中国共产党在延安时期培育的伟大的时代精神，是我们党的宝贵精神财富，是中国共产党人彻底的革命精神，是升华了的民族精神，是展示中国共产党人形象的群体精神，是中国共产党为人民谋幸福、为民族谋复兴的不竭精神动力。

延安精神是中国共产党在延安13年的实践中培育形成的，追溯延安精神，必然要从党中央在延安时期的实践活动中寻找它的精神本源。

延安精神是中国共产党人精神谱系中闪亮的坐标。历史虽已远去，但延安精神永不过时，党的历代领导人对延安精神作了许多重要阐述，不断赋予它新的时代内涵，并将延安精神高度概括为：坚定正确的政治方向，解放思想实事求是的思想路线，全心全意为人民服务的根本宗旨，自力更生艰苦奋斗的创业精神。

2020 年 4 月，习近平总书记在陕西考察时说："延安精神培育了一代代中国共产党人，是我们党的宝贵精神财富。要坚持不懈用延安精神教育广大党员、干部，用以滋养初心、淬炼灵魂，从中汲取信仰的力量、查找党性的差距、校准前进的方向。"这也深刻阐明了延安精神的历史地位和时代价值，为新时代怎么走好"赶考路"指明了方向。

党的二十大闭幕不到一周，习近平总书记带领新一届中共中央政治局领导集体瞻仰延安革命纪念地，参观了延安革命纪念馆"伟大历程——中共中央在延安十三年历史陈列"，参观结束后习近平总书记发表了重要讲话，他再次强调"在延安时期形成和发扬的光荣传统和优良作风，培育形成的以坚定正确的政治方向、解放思想实事求是的思想路线、全心全意为人民服务的根本宗旨、自力更生艰苦奋斗的创业精神为主要内容的延安精神，是党的宝贵精神财富，要代代传承下去。"

把视线再次投向延安时期。

在全民族抗日战争进入相持阶段后，国民党顽固派对延安和陕甘宁边区实行军事包围经济封锁，加上自然灾害，陕甘宁边区遇到了前所未有的困难，怎么办？毛泽东问大家：

"饿死呢？解散呢？还是自己动手呢？"共产党人响亮地回答："要自己动手！"1939年2月，边区开展了以农业为主的生产运动，以解决一般的生活需要。到1940年严重困难时期，小规模的农业生产已明显不能满足需要了，边区必须开展大规模的生产运动，解决军需民用困难。

1941年春，八路军第一二〇师三五九旅响应党中央的号召，在旅长兼政委王震的率领下，浩浩荡荡地开进南泥湾，开荒屯田，将昔日的"烂泥湾"发展为"陕北的好江南"。大生产运动中体现出来的自力更生、艰苦奋斗的创业精神，成为延安精神的显著特征。

周恩来的这件"三用"大衣，就彰显了老一辈无产阶级革命家自力更生、艰苦奋斗的创业精神，是弘扬伟大延安精神的具体实践，指引着我们每一位党员干部躬亲实践，驻守初心。新时代，我们应该继承和发扬老一辈无产阶级革命家的优良作风，继续坚持弘扬伟大建党精神和延安精神。

本文由延安革命纪念馆供稿

执笔人：王茜子，延安革命纪念馆办公室、文博馆员

延安革命纪念馆

后记

　　为了更好地贯彻落实习近平总书记关于革命文物工作的重要指示精神，加强革命文物保护利用，弘扬革命文化，传承红色基因，切实把革命文物保护好、管理好、运用好，发挥好革命文物在党史学习教育、革命传统教育、爱国主义教育等方面的重要作用，本书以"精神之路——中国共产党人伟大精神文物史料专题展"为基础，以展陈设计动线为排序依据，对其中展出的24件珍贵文物以故事的形式作了生动的阐述，以文物故事述说跨越时空、赓续不辍的不朽精神，让珍贵文物彰显历史厚重，体现时代价值。

　　本书由主办展览的20余家革命场馆、纪念馆、博物馆共同编写，参加编写的人员主要是：中共一大纪念馆景若琪、张德仁；深圳博物馆馆员刘晓；西柏坡纪念馆陈列保管部馆员梁少波；香山革命纪念馆文物征集研究部副主任桂星星；沂蒙革命纪念馆文物资料部王婀娜；中国人民抗日战争纪念馆革命文物部曹权；古田会议纪念馆编写组；于都中央红军长征集结出发历史博物馆编写组；宁化县革命纪念馆副馆长张沛琳；陕甘边革命根据地照金纪念馆馆长宋建斌；遵义会议纪念馆编写组；井冈山革命博物馆陈列展览科副科长、副研究馆员周见美；金寨县革命博物馆馆长杨晓璐；吕梁市晋绥边区革命纪念馆宣教科科长马彬彬、宣教科康彦红；中国共产党早期北京革命活动纪念馆编写组；南湖革命纪念馆编写组；抚顺市雷锋纪念馆研究室主任徐明；鄂豫皖苏区首府烈士陵园管理处副主任张蕾；西安交通大学西迁博物馆宣教部邢夏菡、展陈部赵磊；中共上海市浦东新区区委宣传部宋英巧；红军长征湘江战役纪念馆副馆长胡雅馨；青海原子城纪念馆编写组；红旗渠纪念馆编写组；延安革命纪念馆办公室文博馆员王茜子等。全书由徐国梁老师统稿。

本书编写组

图书在版编目(CIP)数据

精神之路：文物里的党的奋斗史/本书编写组编
. —上海：上海人民出版社，2024
ISBN 978 - 7 - 208 - 18872 - 3

Ⅰ. ①精⋯　Ⅱ. ①本⋯　Ⅲ. ①中国共产党-党史-史
料 ②革命文物-介绍-中国　Ⅳ. ①D23 ②K871.6

中国国家版本馆 CIP 数据核字(2024)第 083296 号

责任编辑　沈骁驰
封面设计　今亮后声·王非凡

精神之路
——文物里的党的奋斗史
本书编写组　编

出　　版	上海人民出版社
	（201101　上海市闵行区号景路 159 弄 C 座）
发　　行	上海人民出版社发行中心
印　　刷	上海中华印刷有限公司
开　　本	890×1240　1/32
印　　张	6
字　　数	96,000
版　　次	2024 年 7 月第 1 版
印　　次	2025 年 4 月第 2 次印刷

ISBN 978 - 7 - 208 - 18872 - 3/D·4307
定　　价　45.00 元